허버트 마르쿠제

마르크스와 프로이트를 결합시키다

차례

Contents

68세대의 영웅, 20세기의 사상가

허버트 마르쿠제(Herbert Marcuse, 1898~1979)는 1960년대 가장 많이 거론되었던 철학자들 중의 한 사람이었다. 마르쿠제는 선진산업사회를 비판하고 '정치적 급진주의(political radicalism)'를 옹호했으며, 그의 주장은 세계 각국에 커다란 영향을 주었다. 그는 '신좌파(the New Left)의 아버지'로 칭송되었다. 현대 철학자들 중에서 마르쿠제처럼 학계뿐만 아니라 대중매체에서도 논쟁거리가 되었던 인물은 매우 드물다. 마르쿠제는 위계적인 체계를 고안하는 사람이 아니라 록(rock) 음악처럼 환상과 실천적 행동을 자극하는 사람이었다. 그는 실제적인 조직가가 아니라 행동을 고무하는 선언문을 작성하는 이론가였다. 그는 학생운동이야말로 '자유를 향한 항해'라고 말했다. 마르쿠제는 비판이론을 체계화했던 프랑크푸르트 학파(the Frankfurt School)의 중심적 이론가이자, 신좌파의 대표적 사상가로서 68학생운동의 이론적 지도자였다.[1]

1979년 그가 사망했을 때 신문과 잡지, 텔레비전을 비롯한 수많은 언론 매체가 앞다투어 그의 생애와 사상을 회고하는 글을 싣거나 특집 프로그램을 방송했다. 그는 사망하기 몇 해 전에 한 텔레비전의 대담 프로그램에 출연하여 "내가 이루어 놓은 성과가 있다면 그것은 소수 젊은이들의 의식을 변화시킨 것"이라고 겸손하게 말했다. 자신의 삶에 대한 겸손한 평가에도 불구하고, 기존의 억압적인 낡은 체제를 거부하면서 자유와 해방을 갈망하던 수많은 학생들과 젊은이들에게 마르쿠제는 정신적 지주이자 영웅이었다.

마르쿠제는 현대사상을 발전시키는 데 크게 기여했다. 그는 철학과 사회이론 분야에서 독창적인 시도를 하였고, 급진적 사회변혁을 위한 정치적 기획을 제안하였으며, 대안사회와 인간해방을 위한 전망을 구체화하였다. 마르쿠제는 20세기의 주요한 역사적 사건 및 사상적 흐름에 적극적으로 대응하면서 자신의 사상을 형성시켜나갔다. 1920년대에는 현대사회에서 발생하는 소외와 비인간화 문제에 관심을 기울였으며, 1930년대에는 파시즘의 위험성을 분석했다. 그리고 하이데거의『존재와 시간』에 대해 최초로 중요한 해석과 비판을 내놓았으며, 마르크스주의와 현상학적 실존주의의 결합을 처음으로 시도했다. 마르쿠제는 1932년에 출판된 마르크스의『경제학 철학 수고』의 중요성을 깨닫고 이를 바탕으로 휴머니즘적 마르크스주의를 체계화하였다. 그는 전문적인 헤겔 학자로서 1930년대와 1940년대 헤겔 철학의 부흥에도 많은 기여를 하였다. 제2차세계대전이 끝난 후에는 프로이트와 마르크스를 결합시키려 했으며, 유럽의 급진적 사상을 미국 사회에 전파하면서 선진산업사회를 분석하고 비판하는 이론을 발전시켰다.

마르쿠제는 급진적 사상의 전통을 계승하여 전파하는 사람이었을 뿐만 아니라, 이러한 전통에 창조적으로 기여한 사람이었다. 소련의 사회주의와 미국의 자본주의를 동시에 비판하면서, 선진산업사회에서 강화되고 있는 새로운 형태의 지배와 억압, 사회적 통제를 분석하여 폭로했다. 그는 기존 사회를 비판하는 데 그치지 않고 여기서 더 나아가 해방사회를 위한 유토피아적 기획을 제안하면서 휴머니즘적 사회주의를 적극적으로 옹호했다.

마르쿠제는 철학과 정치학의 통합을 시도했던 몇 안 되는 현대사상가에 속하며, 독창적인 철학 저서들과 급진적인 정치사상을 통해 현대사의 주요인물로 부각되었다. 그는 젊었을 때부터 일관되게 이론과 실천의 통일을 추구하였으며, 그것이 마르크스주의의 진정한 모습이라고 믿었다. 그는 교조적이고 기계론적인 해석으로 인해서 마르크스주의가 생기를 상실하고 있던 시기에 그것을 새롭게 재구성하여 거기에 활력을 불어넣으려고 노력했다.

제1차 세계대전, 독일 혁명, 마르크스주의

마르쿠제는 1898년 7월 19일 독일의 베를린에서 사업가인 아버지 칼 마르쿠제(Carl Marcuse)와 어머니 게르트루트(Gertrud) 사이에서 장남으로 태어났다. 프랑크푸르트 학파를 이끌었던 호르크하이머(M. Horkheimer)나 아도르노(T. Adorno)처럼, 마르쿠제는 독일 사회에 잘 적응한 중상류계층의 유대인 집안 출신이었다. 그래서인지 마르쿠제는 유대인으로서의 특별한 민족적 성향이나 소속감을 지니고 있지는 않았다. 마르쿠제는 말년의 한 인터뷰에서 자신의 어린 시절을 이렇게 회상했다. "나의 어린 시절은 전형적인 독일 중상류 계층의 어린이들의 모습과 똑같았다. 내 가족은 독일 사회에 잘 적응한 유대인 집안이었기 때문에, 나는 유대인이라는 이유로 심각한 소외감을 느끼지는 않았다." 마르쿠제는 비엔나의 몸젠(Mommsen) 김나지움에 다니다가, 1911년에 카이제린-아우쿠스타(Kaiserin-Augusta) 김나지움으로 전학을 갔으며, 1916년에 졸업시험에 합격하여 김나지움을 졸업하였다. 독일의 김나지움(Gymnasium)은 한국의 중고등학교에 해당되는 학교로서 9년제이다.

마르쿠제는 제1차세계대전이 한창이던 1916년에 군대에 징집되었다. 그는 제18보급부대에 배치되었으나 시력이 좋지 않아서 집에 대기하고 있다가, 나중에 체펠렌(Zeppelen) 비행선 보급부대에 다시 배치되었다. 그는 군복무 중에 베를린에서 대학강의를 듣기도 했다. 그 당시의 젊은 지식인들에게서 흔히 볼 수 있었던 것처럼 마르쿠제도 제1차세계대전을 겪으면서 급진적 사상을 갖게 되었고, 마르크스와 엥겔스의 저작을 읽으면서 그들의 혁명사상에 동조하였다. 그는 실천적인 정치 활동에 직접 뛰어들었으며, 1917년에는 독일사회민주당(SPD)에도 가입하였다. 그는 프롤레타리아 국제주의에 입각하여 제국주의 전쟁에 반대하였으며, 그 당시에 반전활동을 활발하게 전개하고 있던 급진적 좌파인 로자 룩셈부르크(Rosa Luxemburg)를 지지하였다.

1918년 11월 독일에서 노동자와 병사가 중심이 된 독일 혁명이 발발하자 베를린에서 군복무를 하던 마르쿠제도 적극적으로 혁명에 참여하였으며, 군사평의회에서 군사고문위원으로 활동하기도 하였다. 그는 장교임명을 앞두고 군사평의회를 탈퇴하였다. 그런데 황제가 퇴위한 후에 사회민주당을 중심으로 새롭게 구성된 혁명정부는 기존의 군부와 관료, 자본가 세력과 타협하여 낡은 질서를 그대로 유지하는, 보수적이면서도 기회주의적인 정책을 펼쳐나갔다. 반동 세력과 결탁한 새로운 정부는 군대를 동원하여 급진적인 좌파 세력을 탄압하기까지 하였다. 특히 1919년 1월에 스파르타쿠스단(Spartakusbund)이 중심이 되어 베를린에서 봉기를 일으켰을 때, 정부군은 로자 룩셈부르크와 리프크네히트(K. Liebknecht)를 살해하고 노동자·병사 평의회를 해체하였다. 이렇듯 사회민주당이 사회주의 운동의 지도자들을 살해하고 프롤레타리아의 이익을 배반하자 이에 실망한 마르쿠제는 곧바로 사회민주당을 탈당했다. 마르쿠제는 말년에 하버마스(J. Habermas)와 대담을 하면서 그 때를 이렇게 회고했다. "그 당시 나의 정치적 입장은 사회민주당의 정책에 단호히 반대했다는 점에서 혁명적이라고 할 수 있다."[2] 그 후 마르쿠제가 일관되게 견지하였던 '정치적 급진주의'는 그가 청년시절에 겪었던 바로 이러한 경험을 바탕으로 형성된 것이었다. 마르쿠제는 제1차세계대전을 전후로 하여 전개된 정치적 격변기를 체험하면서 마르크스주의를 수용하였으며, 독일 혁명을 체험하면서 정치적 급진주의자로 바뀌었던 것이다.

1919년 2월에 노동자와 병사가 중심이 된 사회주의 혁명이 실패하고 그 대신에 바이마르공화국이 들어서자, 마르쿠제는 크게 낙담하여 정치일선에서 물러난다. 그 후 마르쿠제는 조직적인 정치활동에 더 이상 관여하지 않고 그 대신에 학문적인 연구활동에만 전념하게 된다. 1918년 11월에 독일과 연합국 사이에 휴전조약이 체결되어 제1차세계대전이 종결되자, 군대에서 제대한 마르쿠제는 그해 겨울부터 베를린(Berlin) 대학에 진학하여 4학기 동안 독일 문학을 공부하였다. 그 다음에는 프라이부르크(Freiburg) 대학으로 학교를 옮겨서 4학기 동안 독일 문학사를 비롯하여 철학과 정치경제학을 공부하였다. 그는 1922년 박사학위논문으로 「독일 예술가 소설」을 제출하여 프라이부르크 대학에서 박사학위를 취득하였다.

대학을 졸업한 마르쿠제는 베를린으로 돌아가 6년 동안 고서점과 출판사에 근무하면서 책을 판매하고 출판하는 일에 종사한다. 그 시기의 마르쿠제는 독일에서의 사회주의 혁명의 실패, 사회민주당의 기회주의적이고 타협적인 노선 등에 실망하여 이념적 지표를 상실한 상태에서 사상적으로 방황하고 있었다. 그렇지만 학문에 대한 열정은 여전히 식지 않았기 때문에 마르크스의 저작을 비롯한 다양한 서적들을 꾸준히 읽으면서 철학에 대한 관심을 이어갔다.

하이데거와의 만남과 헤어짐, 현상학적 마르크스주의

　마르쿠제가 사상적으로 방황하고 있던 시기에 하이데거(M. Heidegger)의 『존재와 시간』(1927)이 출판되었다. 당시 독일의 대학강단은 관념적이고 추상적인 신칸트주의와 신헤겔주의가 지배하고 있었다. 그때 갑자기 등장한 것이 『존재와 시간』인데, 그것은 매우 구체적인 철학이었다. 하이데거는 '현존재', '실존', '일상인', '죽음', '불안' 등의 개념을 사용하여 구체적인 삶의 문제에 대해 언급하였다. 하이데거의 철학은 마르쿠제에게 아주 매력적으로 다가왔고, 그래서 마르쿠제는 하이데거 밑에서 연구활동을 재개하기 위해 1929년 프라이부르크 대학으로 되돌아갔다. 그곳에서 마르쿠제는 현상학을 정립한 후설(E. Husserl) 및 그의 후계자인 하이데거와 교류하면서 현상학적이고 실존주의적인 경향으로 기울게 되었다. 하이데거의 철학에 대한 그의 관심은 1932년까지 지속되었다.

프라이부르크에 머물던 시기에 마르쿠제는 하이데거의 영향으로 인해서 현상학과 실존철학의 범주에 깊이 물들게 되었다. 그렇지만 다른 한편으로 마르쿠제는 사회주의 정당에 가입하고 있지는 않았지만 여전히 마르크스주의에 대한 신뢰는 갖고 있었다. 1923년에 출판된 루카치(G. Lukács)의 『역사와 계급의식』, 코르쉬(K. Korsch)의 『마르크스주의와 철학』을 읽으면서 마르쿠제는 마르크스주의에 대한 새로운 해석에도 관심을 기울였다. 마르쿠제는 이들의 저서가 "마르크스의 저작 속에 내재되어 있는 존재론적 기초를 드러내 보여준다"[3]고 말했다. 이들은 마르크스주의에 대한 기계론적 해석을 비판하면서 마르크스의 저작 속에 내재되어 있던 헤겔주의적 요소, 특히 변증법적 측면을 강조하였다.

이러한 사상적 배경을 바탕으로 마르쿠제는 마르크스주의를 실존주의 및 현상학과 결합시키려고 시도했다. 마르쿠제 사상에 정통한 켈러(D. Kellner)는 그러한 시도를 가리켜서 '현상학적 마르크스주의?(Pheonomenological Marxism?)'라고 부르기도 했다.[4] 제2차세계대전 이후에 사르트르(J. P. Sartre)와 퐁티(M. Ponty)도 그러한 시도를 했지만, 마르쿠제는 이들보다 훨씬 앞선 시기에 선구적으로 그러한 결합을 시도하였다. 마르쿠제의 이러한 독창적 시도는 그 시대의 사상적 흐름을 적극적으로 수용하여 반영하려는 그의 의지의 표출이라고 볼 수 있다.

마르쿠제는 그 시기에 발표한 일련의 논문을 통해서 그러한 사상적 결합을 시도하였다. 그는 1928년 「역사적 유물론의 현상학에 대하여」라는 논문을 발표했는데, 이것은 기존의 기계론적인 마르크스주의를 비판하면서 현상학과 실존철학의 관점에서 역사적 유물론을 새롭게 해석한 것이다. 거기에는 '불안', '역사성', '결단', '현존재' 등 하이데거 특유의 용어들이 많이 사용되고 있다. 마르쿠제가 보기에, 하이데거는 『존재와 시간』에서 역사의 존재론적 중요성을 지적하면서 '불안' 개념을 통해 진정한 존재의 의미를 파악하려고 했다. 또한 '결단'을 통해서 프락시스(praxis), 즉 실천으로 나아가는 길을 모색하기도 했다. 마르쿠제는 '행위'를 인간 존재의 본질적 특성으로 간주하면서, 이것을 마르크스주의와 하이데거 철학을 결합한 관점에서 이해하려고 했던 것이다.[5]

하이데거가 상정하는 사회적 환경이나 역사성 개념은 지나치게 추상적이기 때문에, 인간의 행위를 규정하는 구체적인 역사적 상황을 설명하기 위해서는 마르크스주의에 의해 보완되어야 한다. 반면에 제2인터내셔널을 지배하고 있던 기계론적 마르크스주의는 현상학에 의해 보완되어야 하고, 마르크스주의의 변증법은 역사성에 내재하는 의미에 대해 더 깊은 성찰을 해야 한다. 역사적 존재로서 인간은 구체적인 역사적 환경 속에서 근본적으로 행위를 할 때 진정한 자유를 얻을 수 있다. 즉, '결단'을 통해 과거를 부정하는 실천적 혁명이 뒷받침될 때 인간은 진정한 실존적 존재가 되는 것이다.

마르쿠제는 이데올로기적인 상부구조를 경제적 토대의 단순한 반영으로 간주하는 기계론적, 경제주의적 관점은 타당하지 않다고 보았다. 루카치의 영향을 받은 마르쿠제는 사회(역사)를 변증법적인 상호작용의 관점에서 이해하려고 했다. 마르쿠제의 입장은 자연과 사회(역사)의 탐구방법을 구분했던 딜타이(W. Dilthey)의 해석학으로부터도 영향을 받았다. 딜타이는 정신과학과 자연과학을 서로 구분하면서 각각의 분야에 타당한 학문적 탐구방법도 서로 다르다고 보았다. 정신과학이 해석학적인 '이해'의 방법을 사용한다면, 자연 과학은 인과적인 '설명'의 방법을 사용한다는 것이다.

이러한 관점은 마르쿠제가 1932년 교수자격취득을 위해 쓴 논문인 『헤겔의 존재론과 역사성 이론의 정초』에도 나타나 있다. 마르쿠제는 이 논문에서 헤겔(G. W. F. Hegel)의 『정신 현상학』과 『대논리학』을 집중적으로 검토하여 역사성(Geschichtlichkeit) 개념을 확립하려고 하였다.[6] 마르쿠제는 이를 위해 딜타이의 해석학적 입장을 비판적으로 수용하여 새로운 시각에서 헤겔 철학을 해석하였다. 역사(Geschichte)라는 개념은 생기(生起, Geschen)라는 개념과 깊이 관련되어 있기 때문에 '역사성'을 이해하는 데 생(生, Leben)이라는 개념이 매우 중요하다. 그런데 헤겔의 존재론은 바로 이러한 생 개념을 포착하게 함으로써 역사성을 이해하기 위한 이론적 토대를 제공해 준다. 마르쿠제는 서론에서 이 논문의 내용과 방법이 하이데거의 철학적 연구에 크게 의존하고 있다는 점을 밝히고 있다.

그런데 그 교수자격취득 논문은 정치적인 이유로 인해서 통과되지 못했다. 『존재와 시간』이 출판된 이후 마르쿠제는 하이데거로부터 많은 영향을 받았지만 여전히 마르크스주의적 관점도 포기하지 않았다. 그래서 마르쿠제는 프라이부르크에 머물던 몇 해 동안 마르크스주의와 하이데거 철학을 통합하려고 시도했던 것이다. 반면에 하이데거는 마르크스주의에 반감을 갖고 있었기 때문에 마르쿠제의 그러한 시도를 달갑게 보지 않았다. 특히 그 당시에 급격하게 세력을 확장하고 있던 나치즘(Nazism)에 대해 마르쿠제는 매우 비판적이었던 반면에 하이데거는 상당히 동조적이었다. 나치는 1932년 총선에서 승리하여 제1당이 됨으로써 집권을 눈앞에 두고 있었고, 유대인뿐만 아니라 마르크스주의에 대해서도 적대적인 감정을 드러내면서 유대인과 사회주의 세력에 대한 대규모 탄압을 준비하고 있었다. 따라서 유대인이자 마르크스주의자인 마르쿠제는 그러한 나치즘의 확장에 위협을 느끼면서 이를 적극적으로 반대하였다. 이러한 정치적 입장의 차이 때문에 마르쿠제의 논문은 하이데거에 의해 거부되었다. 또는 그러한 정치적 상황을 고려하여 마르쿠제가 공식적으로 논문을 제출하지 않았다는 이야기도 있다. 어쨌든 그 논문은 통과되지 않았기 때문에 마르쿠제는 하이데거 밑에서 교수자격을 취득하려는 계획을 포기해야 했다.

이러한 과정에서 마르쿠제는 마르크스주의를 실존주의 및 현상학과 결합시키려는 자신의 시도에 무리가 있었음을 깨닫게 되었으며, 하이데거 철학의 문제점도 간파하게 되었다. "우리들은 점차 그러한 하이데거의 구체적 철학이 상당히 허구적이라는 것을 알게 되었다." 하이데거 철학의 주요개념들은 후설의 선험적 범주를 기반으로 그것을 변형시킨 것에 불과하다. 그래서 "실존이나 불안과 같은 구체적 개념들은 또 다시 추상적 개념으로 전락하고 말았다."[7] 하이데거의 기초존재론적 개념은 역사성을 이해하기 위한 것이지만, 이를 통해서는 실질적인 구체적 역사를 파악할 수 없었다. 역사성에 관한 연구에 역사가 전혀 등장하지 않았던 것이다. 그래서 마르쿠제는 하이데거의 사상을 버리고 마르크스주의로 이행하게 되었다. 그는 이러한 이행을 단순한 개인의 문제가 아니라 시대의 문제라고 보았다.

1932년을 기점으로 마르쿠제는 정치적 입장에서 차이를 가지고 있던 하이데거와 철학적으로 결별하였고 마르크스주의를 현상학 및 실존 철학과 결합시키려는 작업도 중단하였다. 하이데거 철학에 매료되어 새로운 사상적 방향으로 모색했던 '현상학적 마르크스주의' 또는 '실존적 마르크스주의'의 길을 포기한 것이다. 1932년 마르쿠제는 수년 동안 머물던 프라이부르크를 떠나게 된다. 하이데거와는 사상적으로 결별함과 동시에 인간적으로도 완전히 결별하게 된 것이다.

마르크스 초기 저작과의 만남, 휴머니즘적 마르크스주의

1932년은 마르쿠제의 삶과 사상에서 하나의 전환점이 되었다. 하이데거 철학과의 결별은 단지 하나의 결별에 그치지 않고 새로운 만남을 준비하는 과정이었던 것이다. 어떻게 보면 그 새로운 만남이 하이데거 철학과의 결별을 재촉했다고 볼 수도 있다. 그것은 바로 마르크스의 초기 저작인 『경제학 철학 수고』와의 만남이었다. 흔히 '경철수고'라고 불리는 이 책은 마르크스가 1844년에 파리에서 저술한 것이지만, 그 당시에는 여러 사정으로 인해서 출판되지 못하고 초고 형태로 보관되다가 1932년에 처음으로 출판되었다.

이 책에는 헤겔 철학의 영향과 더불어 인간론 및 소외론과 관련된 중요한 내용이 담겨 있다. 마르크스는 인간을 '유적존재(Gattungswesen)', 즉 자유롭고 의식적인 활동인 노동을 통해 자신의 본질을 실현하는 사회적 존재로 규정하였다. 그런데 이러한 인간의 본질적인 존재양식은 자본주의의 사적소유에 의해 왜곡되고 억압됨으로써 인간소외가 발생한다고 마르크스는 보았다. 이 책이 출판됨으로써 기계론적 유물론이나 과학주의적 관점 대신에, 변증법을 중심으로 한 헤겔주의적 관점 또는 인간론과 소외론을 중심으로 한 휴머니즘적 관점에서 마르크스주의를 새롭게 해석하려는 경향이 등장하였으며, 이로 인해 마르크스주의 진영 내부에서 많은 논쟁이 벌어졌다.

이 책은 마르쿠제의 사상을 전환시키는 데도 결정적인 역할을 하였다. 마르쿠제는 그 책을 읽은 다음에 "거기에는 분명히 새로운 의미의 마르크스가 있었다"[8]고 말했다. 그래서 그는 하이데거냐 마르크스냐 하는 선택의 문제에 종지부를 찍게 되었다. 하이데거와 마르크스를 결합하려고 시도하면서 그 둘 사이를 우왕좌왕하던 방황을 마치고, 이제 마르크스주의로 완전히 전환하게 되었던 것이다.

마르쿠제가 『경제학 철학 수고』에서 보았던 마르크스주의는 제2인터내셔널을 지배하고 있던 기존의 마르크스주의가 아니라 새로운 마르크스주의였다. 마르쿠제는 그 책에서 '새로운 마르크스'를 보았던 것이다. 마르쿠제는 제1차세계대전 기간 동안에 마르크스와 엥겔스의 저작을 읽으면서 그들의 사상에 동조하여 사회민주당에 가입하였으며, 1918년에는 독일혁명에도 직접 참여하는 등 젊은 시절부터 마르크스주의를 받아들이고 있었다. 그러나 마르쿠제는 그 당시 제2인터내셔널을 중심으로 한 사회주의 정당들의 기회주의적인 태도에 실망하면서 그들의 기계론적이고 수정주의적인 마르크스주의에 대해 거부감을 갖게 되었다.

국제적인 노동운동의 연대를 위해서 1864년 제1인터내셔널(국제노동자협회)이 창립되었으나 내부의 이념적 대립으로 인해서 10여 년 만에 해체되었으며, 그 뒤를 이어 1889년에 창립된 것이 제2인터내셔널(사회주의 국제연맹)이다. 그런데 베른슈타인(E. Bernstein)과 카우츠키(K. Kautsky) 등이 주도하던 제2인터내셔널은 과학주의를 표방하였지만 그러나 상당히 경직되고 교조화된 형태의 마르크스주의로 나아갔다. 이들이 마르크스의 사상을 기계론적 유물론의 관점에서 해석함으로써 그것은 경제주의 및 수정주의 경향을 띠게 되었다. 즉, 경제적 토대가 사회적 제도나 사회적 의식과 같은 상부구조를 일방적으로 결정한다고 간주함으로써, 의식적이고 적극적인 실천활동의 의미를 과소평가하였던 것이다. 또한 주체의 자발적인 실천활동보다는 경제적 상황과 같은 객관적 조건이 혁명의 결정적 요인으로 작용한다고 보았다. 그러나 이들이 표방했던 과학주의는 기계론적 유물론 및 실증주의적 경향과 결합됨으로써 변증법의 비판적이고 역동적 힘을 상실하였다. 그래서 기계론적 유물론이나 경제주의로 변질된 이들의 관점을 가리켜서 '속류 마르크스주의'라고 부르기도 한다.

제1차세계대전이 끝나고 유럽에서 사회주의 혁명이 실패로 돌아가자, 제2인터내셔널의 정책과 사상에 대한 반성이 본격적으로 이루어졌다. 제2인터내셔널은 프롤레타리아 국제주의와 연대성을 저버리고 제국주의 전쟁을 지지하기도 하였으며, 기회주의적인 사회주의 정당들은 급진적인 혁명운동을 탄압하며 노동자 계급의 이익에 반하는 행위를 저질렀다. 이로 인해 내부노선에서 갈등이 심화되어 제2인터내셔널은 점차 해체의 길로 접어들게 되었다. 이런 상황에서 루카치, 코르쉬, 그람시(A. Gramsci) 등은 제2인터내셔널의 입장을 철학적으로 비판하고, 그 대신에 마르크스주의에 내재하는 헤겔의 변증법적 측면을 복원하여 마르크스주의에 새로운 활력을 불어넣으려 하였다. 이들은 사회와 역사에 대한 기계론적 해석을 거부하고, 그 대신에 주체와 객체의 관계에 대한 변증법 해석을 기반으로 주체의 적극적인 실천적 활동의 의미를 강조하였다. 사회변혁의 과정에서는 경제적인 객관적 조건만이 중요한 것이 아니라, 주체의 의식적 활동 즉 실천(praxis)도 매우 중요한 요소로 작용한다는 것이다. 이들의 관점은 소련을 중심으로 한 소위 '정통 마르크스주의'와 대립하는 '서구 마르크스주의'의 전통을 형성하는 데 결정적인 이론적 기반이 되었다.

1923년에 출판된 루카치의 『역사와 계급의식』 및 코르쉬의 『마르크스주의와 철학』은 마르크스주의를 헤겔의 변증법적 측면에서 새롭게 해석함으로써 제2인터내셔널의 입장을 무너뜨리는 데 크게 기여하였다. 특히, 루카치는 마르크스의 『자본론』에 대한 분석을 통해 '사물화' 개념을 확립함으로써 소외론이나 인간론을 바탕으로 한 휴머니즘적 관점에서 마르크스주의를 해석할 수 있는 길을 개척하였다. 그런데 그들의 이론적 작업은 『경제학 철학 수고』가 출판되기 이전에 이루어진 것이었다. 마르쿠제도 1920년대에 루카치와 코르쉬의 저작을 읽으면서 그들의 입장에 공감하고 있었다. 그러다가 그들의 입장을 확고하게 지지해 주는 마르크스의 『경제학 철학 수고』가 1932년에 출판되자, 마르쿠제는 이에 대한 확신을 갖게 되었으며, 그래서 하이데거 철학과 완전히 결별한 후에 마르크스주의로 전환하게 되었던 것이다.

마르쿠제는 마르크스의 초기 저작을 중심으로 하여 헤겔주의와 휴머니즘의 관점에서 마르크스주의를 새롭게 해석하였다. 이러한 관점은 『경제학 철학 수고』에 대한 일종의 해설서라 할 수 있는 「역사적 유물론의 정초를 위한 새로운 자료」(1932)에 잘 나타나 있다. 마르쿠제는 『경제학 철학 수고』의 출판을 마르크스주의 연구사에서 아주 중요한 사건이라고 보았다.[9] 이 책은 역사적 유물론의 기원과 의의를 밝혀줌으로써 마르크스주의에 대한 기존의 논의를 새로운 기반 위에서 다시 시작하도록 요구하고 있다. 마르크스의 초기 저작에 나타난 철학적 관심이 후기 저작에서는 폐기되었다고 보는 관점은 타당하지 않다. 마르크스가 후기 저작에서 체계화한 경제학이나 정치학은 인간의 본질에 대한 철학적 해석을 기반으로 하여 성립되었다. 즉, 철학적 인간학을 바탕으로 마르크스주의의 혁명이론이 완성된 것이다. 공산주의는 단순히 경제적, 정치적 관계의 변화만을 가리키는 것이 아니라, 인간이 자신의 본성을 실현하기 위해 인간의 근본적인 존재방식을 변화시키는 활동이다. 혁명을 통해서 인간은 자신의 잠재적 본성을 실현할 수 있고, 진정한 혁명은 소외를 극복하여 '유적 존재'로서 인간의 본질을 회복하는 것이다. 또한 진정한 인간해방은 자유롭고 의식적인 활동인 노동을 통해서 자신의 잠재적 능력을 전면적으로 발휘할 때 이루어진다.

이처럼 마르쿠제는 『경제학 철학 수고』에 나타난 철학적 인간학을 바탕으로 마르크스주의를 새로운 관점에서 해석하였는데, 이러한 관점을 가리켜서 '휴머니즘적 마르크스주의'라 한다. 이것은 제2인터내셔널이나 소련에서 지배적이었던 '과학주의적 마르크스주의'와는 차이가 있다. 과학주의적 마르크스주의 또는 정통 마르크스주의는 마르크스의 초기 저작에 나타난 철학적 인간학이나 윤리학을 비과학적인 것으로 간주하고, 후기 저작에서 체계화된 역사적 유물론만을 과학적인 것으로 간주한다. 그래서 사회나 역사를 필연적인 역사적 법칙이나 경제결정론의 관점에서 이해하려고 한다.

마르쿠제가 기존의 과학주의적 마르크스주의를 거부하고 새로운 휴머니즘적 마르크스주의를 수용한 것은 그 당시의 시대적 상황과도 관련되어 있다. 1920년대 후반부터 1930년대 초반까지 서구 자본주의의 문제는 단순한 경제적, 정치적 위기만은 아니었으며, 인간존재의 위기이기도 했다. 따라서 마르쿠제는 자본주의의 문제를 해결하기 위해서는 단지 경제적, 정치적 구조를 개혁하는 것만으로는 한계가 있으며 여기서 더 나아가 인간 본성의 근본적 변화가 필요하다고 보았다. 즉, 사회혁명은 사회구조와 더불어 인간성의 변화와 같은 전면적이고 근본적인 사회변화를 요구한다는 것이다. 그래서 마르쿠제는 철학적 인간학을 기반으로 한 새로운 혁명이론을 구성하려고 시도했던 것이다. 1932년을 전후로 하여 형성된 마르크스주의에 대한 이러한 휴머니즘적 관점은 헤겔주의적 관점과 더불어 마르쿠제가 자신의 사상을 발전시키는 데 있어 결정적 영향을 미치게 된다. '헤겔주의적·휴머니즘적 마르크스주의'가 마르쿠제 사상의 확고한 기반으로 자리를 잡게 된 것이다.

파시즘, 독일 탈출, 프랑크푸르트 학파와의 만남

마르쿠제가 하이데거 철학으로부터 마르크스주의로 이행하고 있던 시기에 독일의 정치적 상황은 더욱 악화되었다. 1930년 9월 총선거에서 나치는 600만 표를 획득하여 독일 제2당으로 부상하였으며, 그 후 세력을 계속 확장하여 1932년 7월 총선거에서는 제1당이 되었다. 1933년 1월 히틀러(A. Hitler)는 총리로 임명되어 권력을 완전히 장악하였다. 2월에는 국회의사당 방화 사건을 계기로 공산당을 비롯한 사회주의 세력에 대한 탄압을 본격화하였으며, 유대인에 대한 탄압도 강화되었다. 히틀러는 의회에서 전권을 위임받아 일당독재체제를 확립한 다음에 1934년에는 총통으로 취임하였다.

나치즘 세력이 확산되면서 사회주의자와 유대인에 대한 탄압이 본격화되자 이에 불안감을 느낀 마르쿠제는 독일을 떠나 다른 나라로 피신할 것을 결심하였다. 이때 마르쿠제가 만난 조직이 바로 프랑크푸르트 학파의 '사회연구소(Institut für Sozialforschung)'였다. 마침 '사회연구소'도 나치즘의 집권에 위기감을 느껴서 해외 이주를 계획하고 있었기 때문에 마르쿠제는 그 연구소의 도움을 하루라도 빨리 받기를 원했다. 그때까지 마르쿠제는 '사회연구소'와 특별한 접촉도 없었고 그 연구소에 대해 잘 알지도 못했다. 다만 그 연구소가 1932년에 『사회연구지』 제1권을 출판했다는 사실만을 알고 있었을 뿐이다.

드디어 마르쿠제는 1932년 말에 프랑크푸르트 대학의 재단 이사이자 호르크하이머의 친구인 리츨러(K. Riezler)의 추천으로 사회연구소와 관계를 맺게 된다. 마르쿠제는 프랑크푸르트에서 연구소의 주요 인물들 중 한 명인 뢰벤탈(L. Löwenthal)을 만남으로써 연구소와의 첫 만남을 갖게 되었다. 아도르노(T. Adorno)는 1932년 『사회연구지』 제2권에서 마르쿠제가 저술한 『헤겔의 존재론과 역사성 이론의 정초』라는 책을 평가하면서 그가 하이데거와 다른 방향으로 나아가고 있음을 지적했다. 아도르노는 마르쿠제의 철학적 접근방법이 연구소의 방향과 결합될 수 있다고 보았으며, 호르크하이머도 이에 동의하였다. 마르쿠제도 마르크스주의를 기계론적으로 이해하기보다는 변증법적으로 이해하려는 연구소의 방향에 공감하고 있었다.

1932년 12월 히틀러의 집권이 임박해지는 등 정치적 상황이 더욱 악화되자 마르쿠제는 독일을 떠나 스위스의 제네바로 피신하였다. 1933년 연구소도 제네바로 이주를 하자, 마르쿠제는 연구소의 지도자인 호르크하이머를 그 곳에서 만난 후 연구소의 회원으로 정식가입하였다. 이를 계기로 연구소 활동에 본격적으로 참여하면서 마르쿠제는 호르크하이머, 아도르노, 에리히 프롬(E. Fromm), 벤야민(W. Benjamin), 하버마스 등과 더불어 프랑크푸르트 학파를 대표하는 사상가로 성장하게 된다.

1932년 이후 마르쿠제의 삶과 사상은 프랑크푸르트 학파와 떼어놓고 생각할 수 없을 정도로 밀접한 관련을 맺고 있다. 마르쿠제가 프랑크푸르트 학파에 합류한 것은 히틀러의 집권을 피해 외국으로 망명하는 과정에서 '사회연구소'의 도움이 절실했기 때문만은 아니었다. 마르쿠제가 연구소에 쉽게 합류할 수 있었던 것은 프랑크푸르트 학파의 사상적 경향과 연구 방향에 공감하였기 때문이다. 마르쿠제는 1918년 독일 혁명이 실패한 이후에 제2인터내셔널의 기계론적, 경제주의적 마르크스주의에 실망하여 사상적 방황기를 거치다가, 1927년 하이데거 철학을 만나 새로운 탈출구를 찾으려고 시도했지만 결국 실패하였으며, 1932년에 마침내 마르크스의 초기 저작을 접하면서 휴머니즘적, 헤겔주의적 마르크스주의로 사상적 전환을 하게 되는데, 이때 자신과 유사한 문제의식을 바탕으로 새로운 이론적 방향을 모색하고 있던 이론가 집단을 만나서 학문적 동반자가 된 것이다.

마르쿠제가 자신의 사상적 방향 전환은 단순한 '개인적 문제'가 아니라 '시대적 문제'라고 언급했듯이, 마르쿠제는 프랑크푸르트 학파와 동시대를 살면서 그 시대의 문제의식을 그들과 공유하게 되었으며 그래서 같은 방향의 길을 가게 되었다. '철학은 시대의 아들이다'라는 헤겔의 말처럼, 그들이 공유하게 된 '시대정신'은 바로 그들이 살았던 시대의 산물이었다.

제1차세계대전과 사회주의 혁명으로 인해서 20세기 초반 유럽의 정치적, 사상적 지형은 커다란 지각변동을 겪게 된다. 그 과정에서 프랑크푸르트 학파는 특정 정당이나 정파의 입장을 대변한다기보다는 학자들이 공동으로 순수 연구활동을 함으로써 마르크스주의를 이론적으로 새롭게 체계화하려는 시도에서 출발했다. 그 당시 독일 대학의 체제와 학풍은 상당히 엄격하고 보수적이어서 그들의 다양한 학문적 관심과 급진적 사상을 수용하는 데 한계가 있었기 때문에, 그들은 급진적 사상을 연구할 수 있는 독립적인 연구기관을 설립하려고 했다. 그리하여 바일(F. Weil), 폴록(F. Pollock), 호르크하이머 등의 노력으로 연구소 설립이 본격화되어, 1923년에 '사회연구소'가 공식적으로 출범하였다.[10]

연구소에는 제2인터내셔널에서 널리 받아들였던 기계론적 유물론이나 경제결정론의 입장을 옹호하는 연구자들도 있었지만, 헤겔의 변증법을 적극적으로 수용하고 있던 젊은 연구자들은 그러한 입장을 비판하였다. 1930년 호르크하이머는 35세의 나이로 연구소 소장에 취임하였으며, 그 시기에 연구소는 활발한 연구활동을 통해서 많은 연구업적을 산출했다. 연구소는 1932년에 『사회연구지』라는 기관지를 만들었다. 그 당시 독일 학계에서는 두꺼운 책을 출판하는 것이 유행했지만, 호르크하이머는 이를 싫어했으며 그래서 짧은 논문형태의 연구성과물들이 주로 그 잡지에 실리게 되었다. 호르크하이머는 잡지의 '머리말'에서 학문들 사이의 관계, 학문과 사회의 관계, 사회심리학 등에 대해 다양하게 연구할 필요가 있음을 강조했다. 그러한 변화의 흐름은 1930년대 초반에 심리분석학자인 프롬이, 1932년 말에는 마르쿠제가 회원으로 가입함에 따라 더욱 가속화되었다.

1933년 1월 나치가 권력을 장악함에 따라 마르크스주의 연구를 표방한 연구소의 장래는 어두워졌으며, 더욱이 대부분 유대인 출신으로 구성된 연구소에 대한 나치의 탄압도 예견되었다. 연구소는 1931년부터 연구기금을 해외로 비밀리에 옮기는 등 국외이전을 추진하고 있었다. 1933년 3월 호르크하이머는 국경을 넘어 스위스로 망명하였다. 그 즈음에 연구소는 나치정권에 의해 폐쇄되었으며, 도서관에 있던 6만여 권의 장서도 압류되었다. 4월에는 호르크하이머가 프랑크푸르트 대학으로부터 파면되었고, 비슷한 시기에 틸리히(P. J. Tillich), 만하임(K. Mannheim) 등도 파면되었다. 그때까지 연구소의 대부분 간부들은 프랑크푸르트에서 탈출하였다.

바일의 기부금과 든든한 조직 덕택으로 연구소는 망명기간 동안에도 독립성을 유지하면서 연구에 전념할 수 있었다. 연구소의 구성원들은 공동체적 연대감을 바탕으로 강한 결집력을 보여주었다. 호르크하이머, 폴록, 뢰벤탈, 아도르노, 마르쿠제, 프롬 등을 주축으로 한 연구집단은 유럽 철학의 전통을 기반으로 하면서도 현대의 경험론적 방법도 수용하여 사회적 문제들에 대해 발언하였다.

'사회연구소'의 연구원들은 대부분 유대인 중상류 집안에서 태어났다. 그렇지만 그들은 유대인 문제를 다른 경제적 문제나 계급적 문제에 비해 특별히 중요하게 여기지 않았기 때문에 그 문제에 그렇게 많은 관심을 기울이지는 않았다. 그들은 시오니즘(Zionism)을 유대인 문제의 해결방안으로 간주하지 않았으며, 제2차세계대전 중에 나치에 의한 유대인 대학살 사건이 발생한 후에야 호르크하이머는 그것을 해결방안으로 받아들였다. 연구소의 회원들은 유대인이라는 인종적 배경에 특별한 의미를 두지 않았으며 연구소의 활동에서 어떠한 인종적 차별이나 편견도 철저히 배격했다. 다만, 뢰벤탈과 프롬, 벤야민 등이 유대교 문제에 많은 관심을 표명하면서 이와 관련된 저작을 발표했을 따름이다. 그럼에도 불구하고 그들의 가치관이나 생활태도의 밑바탕에는 엄격한 유대 문화가 자리를 잡고 있었으며 이것이 은연중에 그들의 연대감을 더욱 강화시켰다고 볼 수도 있다.

미국 망명, 파시즘 비판, 비판이론

프랑크푸르트에서 제네바로 망명한 연구원들은 여러 상황 때문에 유럽에서 연구활동을 지속하기가 어려웠다. 파시즘의 세력이 확산되면서 스위스의 제네바도 위협을 받게 되었으며, 영국이나 프랑스는 학문적 풍토가 다를 뿐만 아니라 경제적 여건도 좋지 않았다. 프랑스 학자들은 안정적이고 여유로운 일상생활을 보장받기를 원했으나 프랑크푸르트 학파는 그러한 생활 대신에 오로지 연구에만 몰두했기 때문에, 프랑스 학자들은 이들이 프랑스에 자리를 잡는 것에 부담을 느꼈다. 그래서 결국 미국 학자들과의 접촉을 통해서 안정적인 연구여건을 마련할 수 있는 미국으로 연구소를 이전하기로 결정했다. 1934년 7월 뉴욕의 콜롬비아 대학 총장인 버틀러(N.M. Butler)

의 도움으로 연구소를 그 대학으로 이전하였으며, 마르쿠제를 포함한 대부분의 연구원들도 미국으로 이주하였다.

이들을 포함하여 유럽의 많은 망명 학자들은 수십 년 동안 미국의 문화를 풍부하게 하는 데 크게 기여하였다. 미국에서 연구원들이 부딪친 문제는 재정적 문제보다는 언어와 문화의 차이에서 기인한 문제였다. 미국의 사회과학계는 통계 자료를 중시하는 경험적, 기술적 방법을 선호하였기 때문에 독일의 사변적 전통과는 거리가 멀었다. 그래서 사회연구소는 많은 망설임 끝에 이 두 가지 연구방법을 결합시키는 길을 모색하였으며, 이것은 나중에 연구소의 활동에도 많은 교훈을 주었다. 그러나 마르쿠제는 그 당시에 연구소가 받아들였던 경험적 연구방법에는 크게 관심을 갖지 않고 주로 사변적인 이론적 연구방법에만 관심을 가졌다.

연구소는 나치의 집권기에 독일 문화의 전통을 유지하기 위해서는 『사회연구지』를 독일어로 발행하는 일이 매우 중요하다고 여겼다. 언어가 사고에 미치는 영향이 크다는 점을 알고 있었기 때문에, 그들은 독일어 독자가 소수에 불과한 어려운 상황에서도 독일어 사용을 고수했다. 이로 인해 그들은 미국 학계로부터는 상당히 고립되었지만, 그래도 제2차세계대전 후에 독일의 학문적 전통을 재건하는 데 큰 도움을 주었다. 미국 망명생활이 안정되자, 그들은 나치즘을 비롯한 파시즘이 확대되는 사회현실을 우려하면서 마르크스주의에 대한 수정과 재구성을 바탕으로 자본주의 위기, 전통적 자유주의 붕괴,

권위주의 등을 주제로 삼아 활발한 연구활동을 전개하였다.

1934년 이후 미국 생활이 안정기에 접어들자, 마르쿠제도 사회연구소에서 본격적인 연구활동을 시작하였다. 마르쿠제는 연구소의 기관지인 『사회연구지』에 일련의 논문들을 발표하면서 그 연구소의 주요 이론가로 부상한다. 그 당시에 마르쿠제가 발표한 논문으로는 「전체주의 국가관에서 자유주의에 대한 투쟁」(1934), 「본질 개념」(1936), 「문화의 긍정적 성격」(1937), 「철학과 비판이론」(1937), 「쾌락주의 비판」(1939) 등이 있다. 이 논문들은 주로 파시즘이 세력을 확장하고 있던 시대적 상황과 관련해서 그것의 이데올로기적, 문화적 배경을 분석하여 비판하는 내용을 담고 있다. 독일어로 쓰여진 이 논문들은 그 당시에는 소수의 전문연구자들에게만 읽혀졌으나, 나중에 그 논문들을 편집한 『문화와 사회』(1965)라는 단행본이 출판됨으로써 대중적으로 널리 읽히게 되었다. 마르쿠제는 이 책의 서문에서 사회연구소가 논문작성에 많은 도움을 주었다는 점을 밝히고 있다. "이 논문들은 뉴욕에 있는 사회연구소에서 내가 수행했던 연구에서 착안되었으며, 그 당시 연구소 소장이자 동료 연구원이었던 나의 친구 호르크하이머와 토론을 하면서 완성되었다."[11] 따라서 그 논문들은 마르쿠제 개인의 연구성과물임과 동시에 사회연구소에서 공동으로 연구활동을 했던 프랑크푸르트 학파의 집단적 연구성과물이기도 하다. 거기에는 마르쿠제를 포함한 프랑크푸르트 학파의 견해가 반영되어 있다.

파시즘 비판

　나치즘의 등장이라는 시대적 상황 때문에 미국으로 망명한 유럽 학자들에게는 전체주의에 대한 연구가 가장 시급한 과제였다. 크리스(E. Kris)와 같은 심리학자는 나치 정권의 선전술을 연구하였으며, 카시러(E. Cassirer) 및 아렌트(H. Arendt)와 같은 철학자들은 국가 신화와 전체주의의 기원을 파헤쳤고, 토마스 만(Thomas Mann)과 같은 소설가는 독일 해체의 우화를 창작하였다. 사회연구소도 권위문제에 대한 연구를 통해 중요한 이론적 기여를 했다. 미국에서 든든한 재정적, 조직적 기반을 갖추고 있던 사회연구소는 유럽의 여러 망명학자들에게 연구비를 지원해 주면서 『사회연구지』에 그들의 논문을 실어주기도 했다.

　마르쿠제는 현상학이나 하이데거 철학을 멀리하고 그 대신에 마르크스주의를 비판적이고 변증법적인 방법론으로 활용하였다. 그는 추상적인 철학적 이론 대신에 구체적인 사회적 문제를 본격적으로 다루게 되면서, 1934년에는 『사회연구지』에 「전체주의적 국가관에서 자유주의에 대한 투쟁」이라는 논문을 발표하였다. 이 논문에서 마르쿠제는 전체주의 또는 권위주의 국가가 표면적으로는 자유주의와 대립하는 것처럼 보이지만 그러나 내면적으로는 서로 긴밀하게 연결되어 있다고 보았다.12)

　파시즘(Fascism)이 내세우는 '영웅적 민족 실재론'은 자유주의적 사회이론의 거대한 저수지이고, 그러한 전체주의를 낳은 것은 바로 자유주의 자체이다. 고전적 자유주의는 초기 산업 자본주의를 기반으로 하여 형성된 사회적, 경제적 이데올로기이다. 자유방임주의가 통용되던 그 시기에는 개인의 사유재산권뿐만 아니라 정치적, 사회적 권리도 광범위하게 보장되었기 때문에 자유주의는 진보적 역할을 담당했다. 그러나 자유주의는 기존의 자본주의 사회를 유지하기 위해서 법과 질서를 강조하는 방향으로 점차 보수화되었다. 자본주의가 독점자본주의 단계에 이르자 소수의 자본가에게 자본이 집중되면서 자유경쟁의 원칙은 무너지고 개인의 자유보다는 사회 전체의 효율성이 중시되었으며, 그 결과 전체주의가 지배적 이데올로기로 자리를 잡게 되었다. 자유자본주의가 독점자본주의나 제국주의 단계로 발전하는 과정에서 파시즘과 같은 전체주의가 탄생한 것이다.

이처럼 독일에서 '개인'보다는 '전체'나 '민족'을 중시하는 파시즘이 출현한 것은 독점자본주의의 등장과 긴밀하게 연관되어 있다. 그런데 전체주의적 권위주의 국가는 사유 재산이나 기업가의 권리를 기본적으로 인정한다는 점에서 자유주의와 일치한다. 자유주의 국가와 전체주의적 권위주의 국가는 자본주의라는 동일한 경제적 질서를 기반으로 삼고 있다. 파시즘은 근본적으로 자본주의, 특히 독점자본주의를 유지하기 위한 정치적 이데올로기이다. 그래서 마르쿠제는 변증법적 관점에서 전체주의를 자유주의에 대한 반동이자 그것의 계승이라고 보았다.

권위주의 분석

1930년대 연구소의 주요 관심사는 파시즘의 위협을 폭로하고 분석하는 것이었고, 이와 관련해서 권위주의에 대한 연구도 활발하게 이루어졌다. 연구원들은 나치즘을 서구문명의 몰락을 상징적으로 보여주는 중대한 사건으로 간주하여 이것에 대한 연구에 몰두했다. 그들은 경제결정론의 관점에서 벗어나서 경제적 토대뿐만 아니라 정치적, 문화적, 심리학적인 상부구조에 대한 분석도 중시하였다.

연구소는 1930년대 초에 바이마르공화국 노동자들의 심리상태에 관한 경험적 연구를 시도했다. 설문조사를 통해 진행된 이 연구에서 프롬은 심리분석적 방법을 사용했다. 연구결과는 독일의 노동자들이 권위주의적인 우익정권에 대한 거부감이 그렇게 크지 않다는 것이다. 그러나 미래를 예측하는 그러한 연구결과는 발표되지 않았으며 이것은 프롬이 연구소와 헤어지게 되는 하나의 계기가 되었다. 그렇지만 그러한 연구결과는 나중에 프롬의 『자유로부터의 도피』와 연구소의 연구주제인 '권위와 가족에 대한 연구'에 반영되었다.[13]

호르크하이머, 프롬, 마르쿠제 등 연구소의 핵심간부들은 5년간의 공동연구를 하면서 그 결과물로 『권위와 가족에 관한 연구』(1936)를 출판하였다. 이 작업에는 설문조사와 같은 경험적 연구방법이 동원되기도 하였다. 연구소는 권위에 관한 설문조사를 통해서 인간의 심리학적 유형을 '권위주의적 형태', '혁명적 형태'('민주적 형태'), '중간 혼합적 형태'로 구분하기도 하였다. 호르크하이머는 '문화지체' 개념을 통해서, 인간은 주관적·감정적으로 얽매여 있기 때문에 이념이나 행동 유형은 객관적·물질적 토대를 상실하더라도 계속 존속한다고 보았다. 이들은 권위주의나 비합리적 권위를 비판하면서도 합리적 권위의 필요성은 인정하였다. 호르크하이머는 진정한 사회변동이 이루어질 때까지는 합리적 권위가 필요하다고 보았다. 프롬은 교사와 학생 사이에서 형성되는 '합리적 권위'는 교사의 우월성을 바탕으로 하고 있지만, 그 우월성은 억압을 위한 것이 아니라 권위에 종속된 학생을 돕기 위한 것이라고 간주하면서 여기서는 사랑과 존경, 감사가 지배한다고 보았다.[14)

마르쿠제는 설문조사와 같은 경험적 연구방법을 동원하지 않고 주로 사변적인 방법으로 권위에 대한 연구를 수행하였다. 권위는 '자발적인 복종'을 이끌어내는 힘으로서 여기에는 기본적으로 '자발성'과 '복종'이라는 두 측면, 즉 '자율성'과 '타율성'이라는 두 측면이 내재되어 있다. 단순한 강압이나 폭력이 아니라 자신의 자유나 자발성에 기인하고 있다는 점에서 '자율성'의 측면이 있으며, 다른 한편으로 권위자에게 자신의 의지를 구속시킨다는 점에서 '타율성'의 측면이 있다. 그래서 마르쿠제는 '권위' 개념은 '자유'나 '자율성' 개념으로 환원된다고 보았다.[15)

전체주의 사상의 핵심은 비합리적 형식주의에 있다. 자유자본주의가 독점자본주의로 이행하면서 부르주아 합리주의가 지니고 있던 내면적 자율성은 사라지고, 그 대신에 타율적 권위에 대한 맹종만 남은 것이 바로 전체주의이다. 합리적 권위를 가능하게 해 주었던 사회적, 물질적 조건이 상실되면서 그 형식만 남게 된 것이 비합리적 권위주의이다. 이것은 독점자본주의 단계에서 효율성과 생산성을 향상시키기 위한 사회적 통제 및 억압의 증대와 관련되어 있다. 여기서는 카리스마적 권위를 지니고 있는 지배자에 대한 절대적 복종과 영웅적 희생이 강요된다. 그 결과 자율성은 사라지고 타율성만 남게 되는데, 그것이 바로 비합리적 권위주의이다.

그렇다고 모든 권위를 부정하는 것은 옳지 않다. 마르쿠제는 마르크스와 엥겔스의 견해를 검토하면서 그들의 관점을 긍정적으로 평가했다.[16] 자본주의 사회에서 자본가나 자본주의적 질서의 권위는 착취를 강화시킨다는 점에서 문제가 있지만 그렇다고 모든 권위를 부정하는 무정부적 태도는 옳지 않다. 모든 사회조직이나 생산조직은 효율적인 운영을 위해서 일정한 규율을 필요로 하기 때문에, 사회주의에서도 착취적인 권위 관계는 사라지지만 여전히 단순관리 차원의 기능적 권위는 유지된다. 그리고 혁명의 과정에서도 지도자나 전위정당의 권위가 필요하다. 마르쿠제는 일반적 이익과 개별적 이익이 조화를 이룰 때, 자발적 복종으로서 합리적 권위가 형성될 수 있다고 보았다.

비판이론, 포괄적 합리성, 이성적 사회

프랑크푸르트 학파는 1920년대까지 사회변혁의 과정에서 노동자 계급이 적극적 역할을 담당할 수 있을 것으로 기대하였다. 그러나 1930년대 중반 이후 미국 콜롬비아 대학으로 연구소가 이주한 후에는 그러한 기대감이 점차 약화되었다. 노동자 계급의 변혁의식과 그 잠재력에 의문을 갖게 된 것이다. 독일을 비롯한 서구유럽에서는 노동자 계급이 혁명성을 상실하고 점차 사회에 동화되거나 심지어 파시즘에 동조하는 경향을 보였으며, 미국에서도 노동자 계급의 혁명성이 급격하게 상실되었다. 또한 소련의 스탈린 정권은 경직된 관료제 체제로 나아가고 있었으며, 거기서 표방된 정통 마르크스주의도 소련 체제를 유지하기 위한 교조적인 성향을 강하게 띠었다. 더욱이 프랑크푸르트 학파는 독일을 떠나 미국으로 망명해 있던 상황이었기 때문에 정신적으로도 위축될 수밖에 없었다. 이로 인해 프랑크푸르트 학파는 '마르크스주의'나 '공산주의 혁명'과 같은 말을 의도적으로 피하면서 그렇게 변화된 상황에 적합한 새로운 연구방향을 모색하게 되었는데, 그 결과로 탄생한 것이 바로 '비판이론'이다.

연구소의 지도자였던 호르크하이머는 헤겔의 영향을 받았지만 절대적 진리나 체계에 대한 헤겔의 입장에는 반대하였으며, 또한 경험적 사실만을 숭배하는 실증주의에도 반대하였다. 프랑크푸르트 학파는 그 당시에 지배적이었던 과학주의, 실증주의의 흐름에 반대하면서 마르크스의 초기 저작을 중심으로 마르크스 사상의 근본적 토대를 재검토하여 마르크스의 철학적 배경과 연구방법을 분명하게 밝혀내려고 하였다. 그들의 이러한 시도는 1930년대 후반에 '비판이론(Critical Theory)' 형태로 그 모습을 드러내게 되면서 그들의 핵심적인 이론적 탐구방법으로 자리를 잡게 된다. 그 후 '비판이론'은 프랑크푸르트 학파의 사상을 상징하는 명칭이 되었다.

마르쿠제는 「철학과 비판이론」(1937년)에서 "비판이론의 추진력은 사실에 대해서 공격하고 그릇된 사실성을 보다 나은 가능성으로 대치하는 힘에서 나왔다"[17]고 주장하면서, 주어진 현실에 만족하는 실증주의를 비판하였다. 호르크하이머도 「전통이론과 비판이론」(1937년)에서 '비판이론'과 대립되는 실증주의 또는 과학주의를 '전통이론'이라고 부르면서 이를 비판하였다.

실증주의 또는 과학주의는 과학의 타당성에 대한 확고한 신념을 토대로 자연과학적인 탐구방법을 참된 인식의 방법으로 간주하면서 감각적 경험을 토대로 얻어진 지식만을 참된 지식으로 인정하고 있다. 사실판단과 가치판단을 절대적으로 구분하여 오직 사실판단만을 과학적 이론의 대상으로 삼고 있으며, 가치판단을 개인적 믿음이나 결단의 문제로 간주하여 학문과 이론의 영역에서 배제한다. 이론의 목표는 단지 주어진 사실만을 정확하게 기술하는 것이다. 그러한 관점을 체계적으로 보여주는 것이 베버와 논리실증주의자들이다.[18]

프랑크푸르트 학파는 이러한 실증주의 관점이 잘못되었다고 비판한다. 사실판단과 가치판단을 절대적으로 구분할 수도 없을 뿐만 아니라, 또한 이론의 기능을 오직 사실판단에만 제한시키는 것도 편협한 태도이기 때문이다. 그리고 이러한 태도는 결과적으로 기존 질서를 정당화하는 데 기여할 뿐이다. 사회적 사실들은 인간의 실천의 산물이고 또한 인간에 의해서 변화될 수 있는 것들이기 때문에 그것들은 인간의 실천이나 가치판단으로부터 독립된, 초역사적으로 영원한 범주는 아니다. 역사는 주체의 실천적 활동에 의해서 변화될 수 있다.[19] 그리고 사회이론에 정치적 이해관계가 개입할 수밖에 없기 때문에 사회이론의 가치중립성 주장은 잘못이다.

프랑크푸르트 학파는 이론을 사회적, 역사적 맥락 속에서 고찰하면서, 이론의 목표를 단순한 현실분석에서만 찾는 것이 아니라, 현실을 비판하고 현실에 영향력을 발휘하여 좀더 이성적인 사회를 구성하는 데서 찾고 있다. 비판이론은 이성의 기능을 단지 계산적이고 기술적인 기능에만 제한시키는 것이 아니라 기존의 질서를 비판하고 새로운 사회를 건설하기 위한 비판적 기준의 선택과 같은 가치판단적 기능을 포함하는 '포괄적 합리성(comprehensive rationality)'의 차원에서 이해하고 있다.

비판이론은 인간해방이라는 목표를 위해 기존 사회의 불행을 비판하면서 인간의 행복을 추구한다.[20] 마르쿠제는 비판이론이 '인간의 행복'에 관심을 갖고 있으며, 이러한 행복은 '물질적 관계의 변혁'에 의해서 가능하다고 말한다.[21] 인간의 불행은 잘못된 경제적, 정치적 조건에서 비롯된 것이기 때문에 이에 대한 분석과 비판을 통해서 이를 변혁할 필요가 있다는 것이다. 따라서 '비판적'이라는 말은 순수이성에 대한 관념론적 비판이 아니라, 정치경제학에 대한 변증법적 비판을 의미한다.

마르쿠제가 "이성은 인간과 존재하는 것의 최고의 가능성"22)이라고 말했듯이, 비판이론은 인간해방이 실현된 '이성적 사회(rational society)'를 추구한다. 이성적 사회는 인간의 자유와 행복이 보장되는 사회로서 '자유인들의 연합체'이다. 그것은 착취와 억압을 위해 물질적, 이데올로기적 권력이 동원되는 분열된 사회가 아니라, 개인의 자발성과 규율이 조화를 이루면서 모든 사람들이 자유롭게 발전할 수 있는 사회이다. 이러한 이성적 사회를 건설하기 위해서는 유토피아와 같은 미래적 요소가 중요하다. 특히 공상(phantasy)이나 상상력(imagination)은 비이성적 현실에서 이성적인 미래적 요소를 이끌어내는 중요한 역할을 담당한다. 이러한 관점에서 마르쿠제는 나중에 프로이트 이론이나 미학이론에 많은 관심을 기울이게 된다.

헤겔 철학, 부정의 변증법,『이성과 혁명』

히틀러는 전체주의적 통치를 강화하면서 그 세력을 확장하다가 마침내 1939년 폴란드를 침공하면서 제2차세계대전을 일으켰다. 나치가 프랑스를 비롯한 유럽 각국으로 공격을 확대하면서 유럽 전역은 전쟁터로 바뀌었고, 이런 사정으로 인하여 그동안 나치의 탄압을 피해 프랑스에서 독일어로 발행되던『사회연구지』도 더 이상 유럽에서 발행하는 것이 어려워졌다. 그래서 1940년『사회연구지』는 미국에서『철학과 사회과학 연구』로 이름을 바꾸어 출판되기도 하였지만 그 이듬해에 출판이 중단되었다. 1932년부터 1941년까지 이 잡지가 발행되었던 10여 년의 기간이 사회연구소가 공동 연구를 하면서 가장 활발하게 활동을 하였던 전성기였다.

그 이후에 미국에서 출판된 대부분의 연구성과물은 영어권 독자들을 겨냥하여 영어로 쓰여졌다. 많은 연구자들이 영어로 글을 쓰기 시작하자 호르크하이머는 언어가 진실의 표현이기보다는 생존경쟁을 위해 봉사하는 도구로 전락했다고 비난하였다. 호르크하이머가 의식적으로 연구소의 독일적 성격을 유지시키려고 한 이유는 나치가 붕괴한 후에 과거 독일의 휴머니즘을 바탕으로 독일 문화를 재건하려고 했기 때문이었다. 그러나 제2차세계대전으로 인해 유럽 전역으로 전쟁이 확산되면서 더 이상 독일어권 독자를 확보하기 어려운 상황이 되자, 영어로 글을 쓰는 경향을 막을 수는 없었다.

마르쿠제는 1941년 자신의 주요 저서들 중의 하나인『이성과 혁명』을 영어로 저술하였다. 이 책은 마르쿠제가 1932년 하이데거 철학과 결별하고 마르크스주의로 전환한 후에 그가 10여 년 동안 걸어왔던 길을 전반적으로 보여준다. 마르쿠제는 그동안 마르크스의 초기 저작을 읽으면서 헤겔주의적, 휴머니즘적 마르크스주의를 받아들이고, 사회연구소에 합류하여 프랑크푸르트 학파와 공동연구를 하면서 비판이론을 발전시켰으며, 나치즘에 대항하여 전체주의와 권위주의를 비판하는 연구를 하였는데, 이 책은 바로 그러한 과정이 축적된 결과물이라고 할 수 있다. 그때까지 호르크하이머나 아도르노와 같은 비판이론가들은 두꺼운 책을 저술하는 것을 꺼려하여 주로 짧은 형태의 논문만을 발표했기 때문에, 두꺼운 단행본으로 출판된 이 책은 프랑크푸르트 학파의 비판이론을 체계적으로

서술한 첫 저서라 할 수 있다. 더욱이 이 책은 영어로 출간되었기 때문에 영어권 독자에게는 비판이론을 본격적으로 소개하는 입문서 역할을 하게 되었다.

『이성과 혁명: 헤겔과 사회이론의 융성』이라는 제목에서 알 수 있듯이 이 책은 이성의 혁명적 성격을 중심으로 헤겔 철학 및 그 당시에 유행하고 있던 사회이론을 검토하고 있다. 마르쿠제는 1941년 초판의 서문에서 "역사적 상황이 변화하면 기존의 철학적 저술도 새로운 시각에서 조명될 필요가 있다"고 언급하면서 이 책의 목적을 다음과 같이 밝히고 있다. "우리 시대의 파시즘의 발흥은 헤겔 철학에 대한 재해석을 요구하고 있다. 우리는 헤겔 철학에 대한 분석을 통해 헤겔의 주요한 기본개념들이 파시즘 이론이나 실천과 연관된 경향들에 대해 적대적이라는 사실을 증명하려고 한다."[23] 그 당시에 헤겔 철학이 나치즘과 연관되어 있다고 보는 관점들이 있었는데, 마르쿠제는 그러한 관점들을 비판하면서 오히려 헤겔 철학이 파시즘과 상반된다는 점을 밝히려고 했다. 파시즘이 세력을 확장하고 있던 시대적 상황에서 헤겔 철학에 대한 재해석을 통해 파시즘을 비판하려고 했던 것이다.

마르쿠제는 이전에 교수자격취득논문으로 제출한 『헤겔의 존재론과 역사성 이론의 정초』(1932)에서도 헤겔 철학을 전반적으로 검토하였지만 그 기본 관점에서는 커다란 변화가 생겼다. 이 논문에서는 역사는 절대정신의 자기전개과정이기 때문에 주관과 객관은 동일하다는 '주객동일성 이론'의 관점에서 헤겔 철학을 해석하였다. 그러나 『이성과 혁명』에서는 동일성 이론이 아니라 '부정성 이론'의 관점에서 헤겔 철학을 해석하고 있다. 이성과 현실이 서로 동일하지 않을 수 있으며 따라서 이러한 불일치의 상태는 부정의 힘에 의해서 극복되어야 한다는 것이다. 이것은 나치즘이 활개를 치던 시대적 상황에서 헤겔 철학에 대한 재해석을 통해 이러한 비합리적 현실에 대항할 수 있는 이성의 비판적, 부정적 힘을 부활시키려는 의도 때문이었다. 그래서 마르쿠제는 헤겔 철학의 동일성 측면보다는 부정성 측면을 강조하게 된 것이다.

마르쿠제가 1960년에 다시 쓴 서문에서 언급하고 있듯이, 『이성과 혁명』은 헤겔 철학의 부활보다는 오늘날 우리들 사이에 점점 망각되어 소멸할 위험에 처해있는 하나의 정신적 기능, 즉 부정적 사유 능력을 부활하는 데 조금이라도 기여하기 위해서 저술된 것이다.[24] 헤겔이 정의했듯이 "사유란 본질적으로 우리 눈앞에 직접적으로 주어진 것에 대한 부정이다." 변증법적 사유는 상식과 과학의 긍정적 사고방식을 거부하는 데서 출발한다. '변증법적 부정'이란 현실의 모순을 인정하지 않는 형식 논리학에 대한 비판일 뿐만 아니라, 또한 기존의 현실 자체를 그 근본에서 비판하는 것이다.

변증법적 사고의 원동력은 부정적 사유 능력이다. 이것은 현실을 내적 모순이라는 관점에서 이해하는 것으로서 일정한 가치판단을 개입시키는 것이다. 변증법적 사고는 모든 사실들을 영원한 것으로 보는 것이 아니라 하나의 과정이자 단계로 이해한다. 현실이란 끊임없이 새롭게 형성되는 과정이다. 그것은 의식적이든 무의식적이든 '존재하는 어떤 것'이 '그것 아닌 다른 것'으로 되어 가는 과정이며, 모순적인 현실을 끊임없이 부정하는 과정이다. 따라서 현실은 단순한 객체로서만 존재하는 것이 아니라 주체의 실천에 의해 변화되는 객체, 따라서 주체의 실천적 의지가 구현되는 객체이다. 주체와 객체는 변증법적인 상호작용의 관계에 있다.

변증법적 사고는 세계가 자유롭지 못하다는 인식, 즉 인간과 자연이 소외된 상태로 존재한다는 인식에서 출발한다. 그래서 실천을 통해서 기존의 현실을 변화시키고 이를 통해 사유와 존재, 주체와 객체의 일치에 도달하려고 한다. 억압과 비합리성, 모순으로 가득 찬 현실은 필연적으로 폭발과 파국을 통해서 질적인 변화를 겪게 된다. 철학적 사유에서 '부정'은 해방의 기능이라는 적극적 기능을 갖고 있다. 그것은 현존하는 비합리적인 것을 단지 비판하고 부정하는 데 그치지 않고, 거기서 더 나아가 현존하지 않는 합리적인 것을 적극적으로 추구한다. 철학적 사유는 '진정한 언어'를 모색한다. 그것은 협잡을 통해 미리 조작해 놓은 게임의 규칙에 대한 '위대한 거부'를 뜻하는 '부정의 언어'를 모색한다. 더 큰 진리가 현존하지 않는 것에 들어 있기 때문에 현존하지 않는 것을 현존하도록 만들어야 한다.

그런데 오늘날 이러한 변증법의 비판적, 부정적 사유는 우리에게 낯선 것이 되어버렸다. 생산력의 발전을 바탕으로 물질적 풍요를 누리고 있는 기존 사회는 가장 유망한 사회체제로 인식되고 있으며, 이러한 현실을 그대로 인정하는 것은 가장 합리적인 태도로 간주되고 있다. 그렇지만 기존 사회에서의 변화는 단지 양적 변화에 그치고 있으며, 인간에 대한 인간의 지배를 근절시키는 질적 변화에는 이르고 있지 못하다. 물질을 정복했던 주체가 이제는 자신이 이룩한 성과물에 오히려 종속되는 사물화 현상이 발생하고 있다. 또한 점증하는 물질적 안락함과 생산기구의 통제적 권력에 의해 인간은 점차 노예화의 길로 들어서고 있다. 변증법적 사회이론이 부정의 힘을 지닌 주체 세력으로 간주했던 사회집단은 붕괴했거나 아니면 기존 체제에 흡수되고 말았다. 기존 체제의 강력한 힘 앞에서 부정적 사유능력은 단죄되고 있다.

마르쿠제는 이러한 암담한 시대적 상황의 탈출구를 헤겔 철학에서 찾았다. 그는 헤겔 철학에 대한 전반적인 재검토를 통해 그 속에 내재되어 있는 변증법의 비판적, 부정적 힘을 복원시키려 했다. 칸트, 피히테, 셸링, 헤겔로 이어지는 독일 관념론은 프랑스 혁명의 도전에 대한 응답이었다.[25] 이것은 국가와 사회를 합리적 기초 위에 재구성하여 사회 및 정치제도를 개인의 자유 및 이익과 조화시키려는 목적을 지니고 있다. 독일 관념론자들은 프랑스 혁명기의 공포정치를 혹독하게 비판하면서도, 혁명을 새로운 시대의 여명이라고 환영하면서 그 이념을 자신들의 철학과 결합시켰다. 프랑스 혁명은 봉건적인 신분적 질서를 폐지하여 개인을 자율적인 삶의 주체로

해방시켜 주었다. 개인은 더 이상 외부의 권위가 아니라 자신의 자유를 바탕으로 합리적인 활동을 할 수 있게 되었다. 인간은 미성숙의 상태에서 벗어나 자신의 이성적 능력을 바탕으로 자율적인 주체로서 삶을 영위하게 된 것이다. 이제 세계는 이성적인 질서의 방향으로 나아갈 것이다.

이러한 이성주의는 계몽주의 철학의 전통을 계승한 헤겔 철학의 핵심이다. 헤겔 철학은 이성 개념을 중심으로 역사와 국가의 발전을 설명한다. 이성 개념으로부터 자유, 주체, 정신 개념이 도출된다. 프랑스 혁명을 통해서 드러난 역사의 전진은 인간이 이성적 능력을 발휘하여 현실을 이성적으로 변화시킨 것이다. 프랑스 혁명은 현실에 대한 이성의 궁극적 지배를 선언한 것이다. 헤겔은 현실에 대한 무비판적인 맹종을 비판하면서 현실을 합리적으로 조직할 것을 요구하였다. 이성이 현실을 지배해야 한다. 우리가 진리, 정의, 선이라고 생각하는 것은 사회 속에서 구체적으로 현실화되어야 한다. "이성적인 것은 현실적인 것이 되어야 하며, 현실적인 것은 이성적인 것이 되어야 한다."

이성의 생명력은 존재하는 것을 파악하고 그렇게 파악된 진리에 따라 존재하는 것을 변형시키는 데 있다. 이성의 실현은 역사 속에서 끊임없는 투쟁을 통해 현실을 변화시킬 때 가능하다. 이성과 현실의 직접적인 통일은 결코 존재하지 않는다. 그러한 통일은 장기간의 실천적 투쟁을 통해서 달성된다. 이성의 기준에 합치되는 것만이 진정으로 현실적인 것이 된다. 헤겔의 이성 개념은 비판적이고 논쟁적이다. 그것은 주어진 사태를 그대로 받아들이기를 거부한다. 헤겔 철학은 근본적으로 이성의 철학이자, 비판과 부정의 철학이다.

그러나 헤겔 철학은 점차 기존 현실과 타협하기 시작하면서 그 진보적 성격을 상실하고 보수화되어갔다. 프랑스나 영국과는 다르게 독일에서는 봉건적 질서가 완고하게 유지되었으며 시민계급의 성장도 미약하였기 때문에 계몽주의의 이상은 실현될 가망이 없었다. 이에 좌절한 헤겔은 외부세계와 타협하면서 내면적인 자유의 세계로 도피하게 되었다. 헤겔은 그 당시에 전제군주가 지배하고 있던 프로이센 정부를 이성이 최고로 실현된 국가로 간주하기도 했다. 그 결과 헤겔 철학에서는 체계와 방법이 서로 모순을 이루게 되었다. 헤겔 철학의 변증법적 방법은 혁명적이었지만, 그의 방대한 철학체계는 보수적이었기 때문이다.

헤겔이 사망한 후에 헤겔 철학은 다양한 분파로 나뉘어졌지만 그중 헤겔 철학의 핵심이라고 할 수 있는 변증법의 비판적, 부정적 정신을 제대로 계승한 것은 마르크스주의라고 마르쿠제는 주장한다.[26] 헤겔이 자신의 철학체계를 완결된 형태로 간주하면서 보수주의로 나아갔다면, 마르크스주의는 헤겔의 변증법적 방법을 적극적으로 수용함으로써 비판적, 진보적 성향을 유지할 수 있었다. 마르크스는 헤겔과 마찬가지로 변증법의 핵심은 '부정'에 있으며 이 부정이야말로 운동과 창조의 원리가 된다고 보았다. 변증법은 '부정의 변증법'인 것이다. 또한 마르크스는 『경제학 철학 수고』를 비롯한 초기 저작에서 헤겔의 변증법적 방법뿐만 아니라 노동, 소외, 사물화 개념도 받아들임으로써 헤겔주의적, 휴머니즘적 마르크스주의를 완성할 수 있었다.

마르쿠제는 헤겔 철학이 그 당시에 널리 확산되어 있던 실증주의와는 상반된다고 말한다.[27] 헤겔 철학에는 합리적이고 비판적인 요소들, 특히 변증법적 방법이 내재되어 있기 때문에 그것은 기존의 사회 질서와 갈등을 일으킬 수밖에 없다. 따라서 헤겔 철학은 '부정의 철학(negative philosophy)'이다. 이에 비해 헤겔이 사망한 후에 등장한 실증주의(positivism)는 '긍정의 철학(positive philosophy)'이다. 실증주의는 사실과 가치를 절대적으로 구분하면서 오직 사실만을 숭배한다. 실증주의를 체계화시킨 콩트(A.Comte)는 자신의 철학을 '실증적(positive)'이라고 불렀는데, 이 말은 주어진 사태에 대해 긍정적 태도를 취한다는 의미를 함축하고 있다. 실증주의는 주어진 사실에 만족하고 그 사실을 넘어서는 어떠한 비판이나 부정도 거부한다. 이성의 비판적, 부정적 힘은 사실에 종속되어 무기력해진다. '부정의 철학'인 헤겔 철학이 기존 현실을 비판하는 진보적 철학이라면, '긍정의 철학'인 실증주의는 기존 현실을 인정하는 보수적 철학인 것이다.

마르쿠제는 마르크스가 유물론의 관점에서 헤겔 철학의 핵심인 변증법적 요소를 잘 보존하여 계승하였지만, 제2인터내셔널의 마르크스주의는 이러한 변증법적 요소를 내던져 버렸다고 본다.[28] 경제결정론을 주장하는 경제주의나 교조적 마르크스주의는 변증법의 비판적, 부정적 정신을 순응적, 타협적으로 변질시켰다. 마르크스주의가 변증법의 비판적, 부정적 정신을 포기하게 되면 그것은 실증주의적 사회학으로 전락하게 된다.

계몽주의의 이성주의적 전통과 변증법의 비판적, 부정적 정신을 기반으로 삼고 있는 헤겔 철학은 파시즘이나 전체주의와는 거리가 멀다고 마르쿠제는 주장한다.[29] 이탈리아의 파시즘이 헤겔 철학을 정치적으로 악용했기 때문에 헤겔 철학이 전체주의와 연관되어 있다고 보는 사람들도 있지만 이것은 잘못이다. 헤겔은 사회형태가 가족, 시민사회, 국가로 발전한다고 보았는데, 이때의 국가는 전체주의적 국가를 의미하는 것이 아니다. 국가는 가족과 시민사회를 지양한 형태로서 개별성과 공동체성이 통합되어 있다. 따라서 거기에서는 개인의 자유와 자율성이 보장된다. 헤겔은 계몽주의의 이성주의적 전통을 계승하고 있기 때문에 시민혁명의 성과물인 개인의 권리와 자유를 인정하고 있다. 이에 비해 전체주의 국가는 시민들의 기본적 권리와 자유를 억압한다. 독점자본주의 단계에서 발생한 파시즘은 거대자본이 요구하는 생산의 효율성을 위해서 중앙집권적인 관료적 행정조직을 강화시켰으며, 또한 해외시장을 확대하기 위해 강력한 상비군을 구축하여 제국주의 전쟁을 준비하였다. 이 과정에서 사회적 통제를 위해 권력이 소수에게 집중되면서 시민들의 권리와 자유는 박탈되었다.

이처럼 헤겔의 국가 개념과 파시즘의 국가 개념은 근본적으로 차이가 있다. 독일의 국가사회주의가 헤겔을 비판하는 이유도 바로 그 때문이었다. 헤겔 철학에는 개인의 자유를 옹호하는 내용이 포함되어 있기 때문에, 전체주의를 강화하기 위해서는 헤겔 철학에 반대할 수밖에 없었던 것이다. 독일 제3제국의 이데올로기를 체계화하였던 칼 슈미트(C. Schimidt)는 헤겔의 국가 개념을 거부하면서 그것이 국가사회주의와 상충된다고 보았다. 그래서 칼 슈미트는 헤겔의 전통이 마르크스와 레닌으로 이어지고 있으며, 히틀러가 집권한 이후 독일에서는 헤겔의 전통이 사라졌다고 말했다. 반면에 이탈리아의 파시즘은 헤겔 철학을 왜곡하여 파시즘을 정당화하는 데 악용하였다. 그러나 그것은 헤겔 철학을 자의적으로 해석한 것에 불과하다. 그들은 여러 봉건 세력으로 나뉘어져 있던 이탈리아를 통일하여 단일한 민족국가를 만들려고 하였다. 그래서 시민사회가 국가 형태로 나아가야 한다고 주장하면서 헤겔의 국가 개념을 전체주의적 관점에서 왜곡하여 악용하였던 것이다.

독일의 국가사회주의가 헤겔 철학을 거부한 데서 분명히 드러났듯이 이성과 자유, 비판과 부정을 강조하는 헤겔 철학은 파시즘과 같은 전체주의와는 연관성이 없다. 오히려 헤겔 철학은, 사회적 통제를 위해 개인의 자유를 억압하면서 체제에 순응할 것을 강요하는 비합리적 파시즘과는 대립적 관계에 있다.

제2차 세계대전, 미국 망명 생활

유럽에서 파시즘이 더욱 기세를 부리면서 제2차세계대전이 확산되자 프랑크푸르트 학파의 망명생활도 장기화되었다. 1940년 마르쿠제를 비롯한 호르크하이머, 폴록, 뢰벤탈은 미국 귀화서류를 제출하였으며, 전쟁이 끝날 무렵에는 대부분의 연구원들이 미국 시민권을 얻었다. 1941년 일본이 미국의 진주만을 기습공격함으로써 태평양 전쟁이 발발하자 미국도 드디어 세계대전에 본격적으로 가담하게 되었다. 그동안 상대적으로 안정된 상태를 유지하고 있던 미국이 세계대전의 소용돌이에 휩쓸려 들어가게 된 것이다. 파시즘의 확산과 세계대전으로 인해서 정치적 불안감이 증가하고, 망명학자의 증가와 기부금의 감소로 인해서 재정적 상황이 악화되자, 사회연구소의 연구활동도 상당히 위축되었다. 『사회연구지』에서 『철학과 사회과학 연구』로 이름을 바꾸어 발행된 연구소의 잡지도 1941년에 출판이 중단되었다. 이런 상황에서 연구소는 조직을 축소하여 간부의 수를 줄였으며 연구비도 대폭 삭감하였다. 그래서 많은 연구원들이 재정난을 타개하기 위해서 새로운 직장을 얻거나 새로운 연구 작업에 뛰어들었다. 그들 중 상당수는 미국 정부의 전쟁업무를 도와주는 일에 관여하였다. 이들은 OSS(전략사무국)를 비롯한 미국의 정부기관에서 주로 활동하면서 유럽과 관련된 정보를 분석하는 일을 맡았다.

마르쿠제도 1941년 『이성과 혁명』을 저술한 후에 미국 정부기관에서 활동하기 시작했다. 마르쿠제는 OWI(전쟁정보부)에 잠시 관여하다가 그 후에 OSS(전략사무국)에서 근무하였다. OSS는 제2차세계대전 때 미국의 정보기관 역할을 하였으며, 1947년에 CIA(중앙정보국)로 바뀌었다. 거기서 마르쿠제는 정치분석가로 활동하면서 주로 유럽과 관련된 정치와 정보를 분석하는 업무를 담당하였다. 1945년 전쟁이 끝난 후에는 미국 국무성의 조사정보국으로 자리를 옮겨서 그러한 활동을 계속하였다. 그의 주요 임무는 전후의 재건사업을 위해 독일의 단체들과 공동작업을 할 수 있는 기반을 마련하는 것이었다. 그는 나치즘의 잔재를 청산하기 위한 프로그램을 기획하였고, 신문 사설이나 기사 등을 면밀히 검토하여 나치당원을 비롯하여 나치즘에 협조한 사람들의 명단을 작성하기도 했다. 마르쿠제는 1952년 국무성을 공식적으로 사퇴할 때까지 거의 10

여 년이라는 오랜 기간 동안 미국의 정부기관에 깊숙이 개입하여 적극적으로 활동하였다.

마르쿠제의 이러한 전력은 나중에 논란거리가 되었다. 좌파 진영에서는 마르쿠제가 미국의 정보기관에서 활동하면서 사회주의 세력을 탄압하는 데 동조하는 등 보수주의로 회귀하였다는 비난을 퍼부었다. 심지어 CIA의 첩자라는 주장도 제기되었다. 마르쿠제를 포함하여 여러 연구원들이 미국의 정부기관에서 활동했던 것은 재정적 문제를 해결하기 위한 목적도 있었지만, 미국의 전쟁업무를 도와주는 일이 반(反)파시즘 투쟁의 일환이라고 보았기 때문이었다. 그런 점에서 마르쿠제의 활동은 어느 정도 정당한 측면도 있다.

그렇지만 마르쿠제는 1945년 종전과 더불어 파시즘 세력이 몰락한 후에도 1952년 한국 전쟁 때까지 미국 정보기관에서 오랫동안 적극적으로 활동했다는 점에서 논란의 여지가 있다. 냉전체제가 심화되어 1950년 미국에서는 매카시즘의 선풍이 불면서 진보 세력에 대한 탄압이 강화되었고 이로 인해 미국 국무성을 비롯한 여러 곳에서 진보적 성향의 많은 지식인들이 추방되었다. 바로 그러한 시기에 마르쿠제는 미국 국무성에 근무하면서 이념과 정보를 분석하는 일에 종사하고 있었던 것이다. 극단적 반공주의의 흐름이 정점에 도달하면서 진보적 학자에 대한 탄압이 고조되고 있던 1953년에 마르쿠제가 하버드(Harvard) 대학의 러시아연구소 연구원이 되고, 1954년에는 브랜다이스(Brandeis) 대학의 교수가 될 수 있었던 것은 그가 미국 정보기관에 협조했기 때문이라는 의혹이 제기된 것도 바로 그러한 정치적 상황 때문이었다. 마르쿠제는 나중에 그 당시를 회고하면서 자신을 CIA의 첩자로 보는 사람도 있겠지만, 자신이 근무할 때는 OSS가 CIA로 바뀌지 않았던 시기였고 따라서 자신을 그렇게 보는 것은 잘못이라고 해명하였다. 그러나 당시의 정치적 상황에서는 마르쿠제의 정보기관 활동은 그러한 비난이나 오해를 불러일으킬 소지를 안고 있었다.

1945년 제2차세계대전이 끝나자 대부분의 사회연구소 연구원들은 순수한 이론적 연구작업으로 되돌아갔으나, 마르쿠제를 비롯한 몇몇 연구원들은 정부기관에 계속 근무하면서 연구활동을 하였다. 이를 계기로 마르쿠제와 사회연구소의 관계는 점차 멀어지게 되었다. 비록 마르쿠제가 사회연구소와 관계를 계속 유지하고 있었지만 그 관계가 예전처럼 그렇게 돈독한 것은 아니었다. 그렇지만 1930년대와 1940년대 사회연구소의 연구방향과 연구성과물은 마르쿠제의 사상에 커다란 영향을 미쳤다. 1941년에 출판한 『이성과 혁명』뿐만 아니라 그 이후에 출판한 『에로스와 문명』(1955), 『1차원적 인간』(1964) 등 그의 많은 저서들에는 그 당시 프랑크푸르트 학파가 추구했던 이론적 성향이 깊게 배어 있다.

마르크스주의와 헤겔의 변증법을 기반으로 형성된 프랑크푸르트 학파의 비판이론은 이론과 실천의 결합을 추구하였지만, 그러나 실천의 주체로 상정하였던 노동자 계급은 점차 그 혁명성을 상실하면서 기존 체제에 흡수되어 동화되어 버렸다.

그래서 프랑크푸르트 학파는 실천의 의미에 대해 회의를 느끼기 시작했다. 종전과 더불어 파시즘 세력이 몰락하자 그동안 파시즘 연구에 집중되었던 작업은 그 중요성이 약화되었다. 반면에 망명기간이 길어지면서 미국 생활에 점차 익숙해지고 미국 시민권도 얻게 되자 미국 사회에 대한 관심은 높아졌다. 이러한 시대적 상황에서 프랑크푸르트 학파는 연구의 주요 관심대상을 전환하여, 미국을 비롯한 서구 자본주의 사회에서 비판적, 부정적 세력이 사라지는 현상을 주로 연구하게 된다. 그 결과 이들은 경제적 토대에 대한 연구보다는 현대사회의 문화적, 정치적 상부구조에 대한 연구에 관심을 집중하였다. 이들은 권위주의의 형성구조, 획일적인 대중문화의 확산, 산업사회의 사회심리학적인 구조, 기술적·도구적 합리성의 지배 등에 대해 본격적인 연구를 시작하였다. 이러한 연구방향의 전환을 반영하여 프롬의 『자유로부터의 도피』(1941), 호르크하이머와 아도르노의 『계몽의 변증법』(1947), 호르크하이머의 『이성의 상실』(1947), 아도르노의 『한 줌의 도덕』(1950), 사회연구소의 공동 연구서인 『권위주의적 성격』(1950) 등이 연속적으로 출판되었다. 나중에 마르쿠제가 저술한 『에로스와 문명』(1955), 『소비에트 마르크스주의』(1958), 『1차원적 인간』(1964) 등은 이러한 연구방향과 성과로부터 많은 영향을 받았다. 연구소는 이러한 연구작업을 위해 통계조사와 같은 미국의 경험적 연구방법을 동원하기도 하였지만, 마르쿠제는 이러한 방법보다는 독일의 전통적인 사변적 방법을 고수하였다.

1946년 사회연구소와 콜롬비아 대학의 연구소가 통합되면서 연구소의 활동은 점차 안정성을 되찾아갔지만, 다른 한편으로는 자신들의 고국인 독일로 연구소를 이전할 준비를 하게 되었다. 호르크하이머와 아도르노, 폴록 등은 귀국을 결심하였지만 그렇지 않은 연구원들도 있었다. 그들은 15년 정도 미국에 살면서 그곳 생활에 적응이 되었고, 또한 과거에 자신들을 억압하였던 독일에서 안정적인 연구활동을 할 수 있는 기반을 마련할 수 있을지에 대한 확신도 없었기 때문에 귀국을 망설였다. 마르쿠제도 파시즘이 몰락한 독일로 귀국할 계획을 전혀 갖고 있지 않았으며, 미국에 정착하여 연구와 강의를 계속하기로 결심하였다. 1949년 사회연구소는 독일로 이전하였으며, 호르크하이머는 프랑크푸르트 대학의 교수로 복직되었다. 독일에서 다시 창립된 연구소는 학계와 시민들로부터 적극적인 지원을 받음으로써 안정적인 기반을 마련했지만, 그러나 그들이 추구하였던 비판정신은 약화되었다. 이로 인해 미국에 머물면서 여전히 정치적 급진주의를 추구하던 마르쿠제는 사회연구소와 더욱 멀어지게 되었으며, 그때부터 연구소와는 상관없이 독자적인 연구작업에 들어갔다.

유토피아, 억압 없는 문명, 『에로스와 문명』

마르쿠제는 1952년 미국 정부기관에서의 활동을 공식적으로 그만두고, 순수한 이론적 연구작업으로 복귀하였다. 그는 콜롬비아 대학과 하버드 대학의 러시아연구소에서 연구원으로 근무한 후에 1954년 56세의 나이에 미국 동부에 있는 브랜다이스(Brandeis) 대학의 정치학 및 철학 교수로 정식 임명되었다. 독일에서 교수자격을 취득하려는 목표가 무산된 지 22년 만의 일이다. 마르쿠제는 1965년 이 대학을 은퇴할 때까지 대학강단에서 가르치는 일에 종사하면서 안정적인 연구활동을 할 수 있는 기반을 마련하였다.

마르쿠제는 1955년 『에로스와 문명』을 출판하였다. 여기에는 '프로이트에 대한 철학적 탐구'라는 소제목이 붙어 있는데,

여기서 알 수 있듯이 마르쿠제는 프로이트 이론의 수용과 변형을 통해서 인간의 욕구를 억압하지 않는 새로운 문명의 가능성을 찾으려고 시도하였다. 노동자 계급의 혁명성의 상실, 획일적인 대중문화의 확산, 효율성 논리의 강화 등으로 비판적·변혁적 의식이 사라지는 암울한 시대적 상황 속에서 호르크하이머와 아도르노는 비관론에 빠졌다. 이에 비해 마르쿠제는 프로이트 이론을 활용하여 유토피아적 의식을 복원시킴으로써 변혁의 가능성에 대한 희망을 찾으려고 했다.

마르크스와 프로이트를 결합시키려는 이러한 대담한 시도는 마르쿠제 이전에도 이미 프롬에 의해서 체계적으로 이루어졌다. 마르크스주의는 물질적 토대와 정신적 상부 구조를 서로 연결하여 설명하고 있지만, 프롬이 보기에는 이러한 설명이 제대로 이루어지려면 프로이트의 정신분석학을 수용할 필요가 있었다. 정신분석학을 통해서 물질적 토대와 정신적 상부구조를 연결해 주는 고리를 마련해야 한다는 것이다. 그래서 프롬은 사회심리학의 관점에서 경제적 토대가 정신적 욕구에 미치는 영향을 분석하였다. 프롬의 이러한 관점은 『자유로부터의 도피』(1941)에 잘 나타나 있다.

마르쿠제는 미국으로 이주한 후에 본격적으로 정신분석학에 관심을 갖게 되었는데, 여기에는 프롬의 영향이 컸다. 그러나 마르쿠제는 프롬과는 다른 각도에서 프로이트 이론에 접근하였다. 프롬을 비롯한 신프로이트 학파는 프로이트가 생물학주의 입장을 취하고 있기 때문에 한계가 있다고 보았으며, 그래서 생물학적이고 본능적인 요소보다는 사회적, 문화적 요소를 더 중시해야 한다고 주장했다. 그런데 마르쿠제는 프롬의 이러한 주장이 옳지 않다고 보았다. 프로이트 이론은 근본적으로 생물학적이 아니라 사회학적이기 때문에 그것을 군이 사회적, 문화적 방향으로 수정할 필요는 없다는 것이다.[30]

마르쿠제는 『에로스와 문명』에서 프로이트의 정신 분석학을 수용하여 재해석함으로써, 억압되지 않은 의식 속에 내재되어 있는 상상력을 바탕으로 문명의 성과를 활용하는 유토피아가 가능하다는 점을 보여주려고 했다. 억압적 문명에 대한 비판뿐만 아니라 '억압 없는 문명(non-repressive civilization)'의 가능성도 프로이트 이론에는 함축되어 있다. 즉, 프로이트는 문명이 인간 본능에 대한 영원한 억압에 기초하고 있다고 보았지만, 마르쿠제는 이에 동의하지 않은 것이다. 마르쿠제는 바로 이러한 '억압 없는 문명'의 가능성에서 유토피아적 전망의 토대를 마련하게 된다.

프로이트는 인간의 역사를 억압의 역사로 보았다. 인간의 본능적 욕구에 대한 억압 및 이로 인한 그러한 욕구의 포기와 더불어 문명이 시작된다. 쾌락 원칙이 현실 원칙으로 바뀌면서 즉각적 만족 대신에 지연된 만족이, 쾌락이 쾌락의 억제로, 놀이가 노동으로 바뀐다. 생계를 유지하기 위하여 쾌락적인 본능적 욕구를 제어하고 노동이라는 현실적 원칙을 선택하게 된다. 따라서 문명은 억압을 토대로 하고 있다. 인간의 본능적 욕구를 자유롭게 충족시키는 것은 문명화된 사회와 양립할 수 없으며, 문명을 진보시키기 위해서는 만족의 포기와 유보가 필요하다는 것이다.

그런데 마르쿠제는 이러한 억압이 영원한 것이라고 보지 않는다. 문명의 발달 과정에서 인류의 존속을 위해 본능을 억압하는 것을 '기본 억압(basic repression)'이라고 하며, 여기에 통용되는 원칙이 '현실 원칙(reality principle)'이다. 이에 비해 특정한 역사적 단계에서 지배 체제를 유지하기 위해 이러한 기본 억압 위에 추가로 부가되는 억압을 '과잉 억압(surplus repression)'이라고 하며, 여기에 통용되는 원칙이 '수행 원칙(performance principle)'이다. 예를 들면 가부장적 가족 제도의 영구화, 노동의 위계적 구분, 개인에 대한 공적 통제 등이 바로 이것에 해당된다. 과잉 억압은 특정한 사회적, 역사적 조건의 결과로서 지배계급의 특수한 이익을 위해서 시행되는 것이다. 따라서 문명의 일반적 원칙인 '현실 원칙'과 문명의 특정한 원칙인 '수행 원칙'은 서로 구분된다. 현실 원칙과 수행 원칙을 동일시하여 '현실 원칙'이 '쾌락 원칙(pleasure principle)'과 본질적으로 갈등 관계에 있다고 보는 것은 옳지 않다. 과잉 억압적인 수행 원칙이 폐기된다면, 현실 원칙은 쾌락 원칙과 통합될 수도 있다. 이러한 역할을 담당하는 것이 바로 문명의 본능적 원천인 에로스적 충동이다.

에로스(=삶의 본능)는 리비도(=성 본능)와 자아 본능(=자기 보존 본능)이 통합된 것으로서 '억압 없는 문명'의 가능성을 보여준다. 문명이 성숙하여 리비도가 억압 없이 발전할 수 있다면, 현실 원칙과 쾌락 원칙은 통합될 수 있다. 수행 원칙에 따르는 과잉 억압을 제거하는 것은 노동을 제거하는 것이 아니라, 인간을 노동 수단으로 전락시키는 낡은 조직을 제거하고 그 대신에 새로운 조직을 확립하는 것이다. 해방의 기준은 단순한 물질적 풍요에 있는 것이 아니라 본능의 보편적 충족에 있다. 여기서는 더 이상 생산성이나 효율성이 가치판단의 기준이 되지 않으며, 과잉 억압에 따른 인간 소외가 사라진다. 노동은 놀이로 전환된다. 즉 노동이 놀이처럼 즐거움과 쾌락을 가져다주는 에로스적 노동으로 전환된다. 에로스에 의해 쾌락 원칙과 현실 원칙이 통합된다.

마르쿠제는 이러한 인간해방이 문명의 거부를 통해서가 아니라 성숙한 문명을 토대로 가능하다고 보았다. 인간해방을 위해서는 거대한 산업기구를 합리적으로 재조직하고 자동화 시스템을 확대도입함으로써, 노동시간을 단축하고 여가시간을 증가시켜야 한다. 유희적 노동은 현대사회의 높은 생산력을 최대한으로 활용할 때 가능하다. 기존의 사회제도를 개선하여 높은 수준의 생산력을 활용할 수 있을 때, 현실 원칙과 쾌락 원칙이 통합된 '억압 없는 문명'이 현실화될 수 있다. 이러한 유토피아에서는 노동 소외가 극복되고 인간이 자신의 본질을 자유롭게 실현할 수 있다. 따라서 여기에는 마르크스가 초기 저작에서 추구했던 공산주의 사회의 진정한 모습이 나타나 있다고 볼 수 있다.

그렇다면 현실을 과잉 억압적으로 지배하고 있는 수행 원칙을 거부할 수 있는 힘의 원천을 어디에서 찾을 수 있는가? 계급억압적인 현실을 비판하고 더 나아가 유토피아를 향한 변혁을 추구하는 의식을 어느 곳에서 확보할 수 있는가? 문명의 발달과 함께 쾌락 원칙은 현실 원칙에 의해서 대체되지만, 무의식 속에는 현실 원칙의 지배에서 벗어난 쾌락의 충동이 내재되어 있다. 이러한 쾌락의 충동과 과거의 기억이 상상력을 자극함으로써 유토피아적 의식이 형성된다. 즉, '무의식에 보존된 과거의 행복했던 기억'과 상상력이 유토피아적 의식의 근원이 되는 것이다. '억압 없는 문명'을 인식할 수 있는 것은, 우리의 무의식 속에 완전한 만족을 획득했던 과거의 기억이 보존되어 있기 때문이다. 과거의 행복했던 유년기 기억이 미래를 향한 진보적 기능을 떠맡는다. 무의식에 보존된 기억은 단순한 치료적 기능을 넘어서서 유토피아적 의식의 근원으로 고양된다.

관료제적 사회주의 비판, 『소비에트 마르크스주의』

    제2차세계대전이 끝난 후에 냉전체제가 형성되면서 미국을 중심으로 한 자본주의 세력과 소련을 중심으로 한 사회주의 세력 사이의 이데올로기적 대립이 심화되었다. 이러한 와중에 마르쿠제는 소련의 이데올로기를 체계적으로 비판한 『소비에트 마르크스주의』(1958)를 출판하였다. 그동안 주로 파시즘을 비롯한 서구 자본주의 사회에 가해졌던 비판의 칼날이 이제는 소련 공산주의 사회에도 가해진 것이다. 러시아 혁명을 통해 소비에트 정권이 들어선 지 수십 년이 흐른 뒤에 이에 대한 본격적인 분석과 비판이 이루어진 것이다. 마르쿠제는 헤겔주의적, 휴머니즘적 마르크스주의를 사상적 기반으로 삼아 소련의 마르크스주의를 공격하였다.

프랑크푸르트 학파는 1920년대부터 제2인터내셔널의 기계론적 마르크스주의에 대해서는 비판적 태도를 공식적으로 표명하였지만, 소련의 마르크스주의에 대해서는 신중한 태도를 취하면서 입장 표명을 유보하였다. 그들 중에는 소련의 계획경제를 옹호하면서 휴머니즘적 사회주의가 실현될 수 있다고 보는 사람들도 있었지만, 이에 대해 회의적인 사람들도 있었다. 그렇지만 사회연구소는 1920년대와 1930년대 소련의 스탈린 집권기에 발생한 사건들에 대해서 공식적인 입장을 표명하지 않고 침묵을 지켰다. 그들은 스탈린 정권에 대한 정보나 자료를 충분히 갖고 있지 못했고, 또한 기본적으로 마르크스주의를 사상적 기반으로 삼고 있었기 때문에 소련 사회주의의 문제점을 분석하고 비판하는 데 어려움이 따랐다.

1930년대 후반에는 휴머니즘적 마르크스주의의 관점에서 소련 사회주의에 대한 비판이 어느 정도 이루어지기도 했다. 그러나 파시즘의 강화와 제2차세계대전의 발발로 인해서 연구의 초점이 여기에 집중되었기 때문에 소련에 대한 비판은 유보될 수밖에 없게 되었다. 전후 냉전체제가 점차 강화되던 시기에 마르쿠제는 미국의 정부기관에서 정보를 분석하던 일을 담당했기 때문에 소련 사회에 대한 다양한 정보와 자료를 수집할 수 있었다. 마르쿠제는 1952년부터 컬럼비아 대학과 하버드 대학의 러시아연구소에 근무하면서 록펠러(Rockefeller) 재단의 지원금을 받아 소련 사회에 대한 본격적인 연구에 착수했는데, 그 결과물로 탄생한 것이 『소비에트 마르크스주의』

이다.

마르쿠제가 서론에서 밝히고 있듯이 이 책은 소비에트 마르크스주의에 대해 내재적 비판을 가하고 있다.[31] 마르쿠제는 소비에트 마르크스주의의 이론적 전제들에서 출발하여 그것이 역사적으로 어떤 결과를 낳았는지를 평가한다. 또한 소련의 정책결정과정에서 중요한 역할을 담당했던 마르크스주의를 소련의 역사적 발전 과정과 서로 연관시켜 분석한다.

소련의 역사는 소련 사회 자체의 구조뿐만 아니라 소련과 서구 사이의 상호 관계에 의해서도 많은 영향을 받았다. 소련 사회주의와 대립하고 있던 서구 자본주의는 지속적인 경제발전을 이룩하였으며, 그 결과 서구 사회에서는 혁명의 가능성이 점차 쇠퇴하였다. 이러한 국제적 역학관계 속에서 레닌의 전위당 이론, 일국사회주의 이론, 스탈린주의, 중공업중심 정책, 억압적인 중앙집중적 권력이 탄생했다. 그런데 이렇게 변화된 시대적 상황에 대응하기 위해서 형성된 소련의 마르크스주의는 결과적으로 마르크스가 추구했던 사회주의 이념에서 벗어나게 되었다.

소련은 서구 자본주의 국가들과의 적대적인 경쟁 속에서 살아남기 위해 급속한 산업화를 추구할 수밖에 없었는데, 바로 이러한 조건과 목표가 소비에트 마르크스주의의 가장 중요한 특징을 규정하게 되었다. 소련 사회가 생산성과 효율성을 중시하는 형태로 바뀌자 여기에서도 서구 산업사회와 마찬가지로 여러 문제들이 발생하게 되었다. 소련에서도 행정과 조직이 고도로 합리화되면서 중앙집권적인 관료제가 강화되었고, 그 결과 마르크스가 사회주의 이념으로 추구했던 자아실현과 개인의 전면적인 발전은 멀어지게 되었다. 자유와 인간화를 위해 도입된 수단이 다른 한편으로는 지배와 복종을 유지시키는 수단으로 사용되었으며, 이데올로기를 파괴했던 이론이 새로운 이데올로기를 확립시켰다. 필요를 충족시키기 위한 중앙집중적인 계획적 생산은 개인의 자유를 억압하고 있다. 물론 자유로운 사회는 풍요로운 물질적 토대를 전제로 하며, 이를 위해서는 엄격한 훈련, 욕구의 절제, 봉사 등이 필요하다. 그러나 생산력을 향상시키기 위한 이러한 수단이 오히려 자유로운 삶이라는 목적을 훼손시키고 있다.

그래서 마르쿠제는 고도의 산업화 전략을 추구하는 소련이 서구와의 정치적, 이데올로기적 차이를 넘어서서 점차 동질화, 수렴화되는 경향을 보이고 있다고 주장한다. 소련과 서구 사회는 후기산업사회의 특징을 공유하면서 서로 유사한 모습으로 바뀌고 있다. 두 체제에서 공통적으로 기술적 지배의 확대, 노동의 과학적 조직화, 합리적 경영, 노동자들의 행동 양식에 대한 통제가 이루어지고 있다. 기술적 진보와 더불어 경제적, 이데올로기적인 통제가 강화되고 있는 것이다.

마르쿠제는 소련 사회가 안고 있는 이러한 문제들을 해결하기 위해서는 우선 소련과 서구 사이에 평화가 정착되어 서로 선의의 경쟁을 펼칠 수 있는 조건이 마련되어야 한다고 본다.[32] 그리고 이와 더불어 기존의 사회관계와 구조가 변혁되어야 하며, 또한 통제와 효율성을 중시하는 가치관과 평생 노동의 윤리 등이 폐기되어야 한다고 본다. 물론 그가 『에로스와 문명』에서 언급하였듯이 유토피아로서의 '억압 없는 문명'은 기술과 생산력의 발전을 전제로 하고 있기 때문에, 기술과 생산력 자체를 부정해서는 안 된다. 중요한 것은, 이러한 기술과 생산력을 인간해방과 자유를 위해 활용할 수 있도록 인간적인 새로운 사회관계와 구조를 확립하고 진정한 사회주의적 가치관을 확산시키는 일이다.

휴머니즘적 마르크스주의 관점에서 소련 사회를 내재적으로 분석하고 비판하는 이 책이 출판되자, 소련뿐만 아니라 미국에서도 이에 대한 많은 비판과 비난이 쏟아졌다. 마르쿠제는 1961년에 쓴 '서문'에서 이러한 비판과 비난에 대해 다음과 같은 입장을 표명하였다. 소련 측에서는 이 책이 공산주의의 도덕을 헐뜯고 있으며, 자본주의 사회를 자유가 보장된 사회로 찬양하는 반면 사회주의를 전면적인 억압에 기초한 가혹한 전체주의적 체제로 왜곡시키고 있다고 비판한다. 이에 반해 미국 측에서는 이 책이 소비에트 마르크스주의가 자유와 사회주의를 향해 나아가고 있는 것처럼 왜곡하여 설명하면서, 소련보다는 서구 사회를 더 비판적으로 분석하고 있다고 비난한다. 그렇지만 소련과 미국 양측으로부터의 이러한 비판은, 이 책이 냉전 이데올로기에서 벗어나서 두 체제를 포함한 현대사회 전체를 객관적으로 분석하고 비판하는 데 성공했음을 보여준다고 마르쿠제는 스스로 평가했다.

선진산업사회 비판, 『1차원적 인간』

마르쿠제는 1954년 브랜다이스 대학에 교수로 임명됨으로써 안정적인 연구활동을 할 수 있는 기반을 확보하였으며, 미국 사회에도 비교적 잘 적응하여 정착생활도 순조롭게 유지되었다. 그렇지만 이러한 개인적인 안정적 삶에도 불구하고 그에게 미국 사회의 모습은 만족스러운 것이 아니었다. 마르쿠제는 휴머니즘적 마르크스주의를 기반으로 하여 진정한 인간해방과 자유를 추구하는 정치적 급진주의를 표방하였지만, 미국 사회의 현실은 그것과는 너무 거리가 멀었다. 마르쿠제는 1960년대 초반 미국 사회를 분석하면서 거기에는 정치적 급진주의를 실현하기 위한 변혁의 가능성이 거의 없다는 사실을 깨닫고 크게 실망하였다. 마르쿠제가 1964년에 출판한 『1차원적 인간』은 바로 이러한 비관론적인 시대 인식을 반영한 책이다. '선진산업사회의 이데올로기에 대한 연구'라는 소제목에서 알 수 있듯이, 이 책은 선진산업사회의 이데올로기에 대한 분석을 통해 미국을 비롯한 서구 사회에서 비판적, 변혁적 세력이 사라지고 있는 원인을 규명하고 있다.

1920년대 이후 노동자 계급의 혁명성이 약화되고 있는 시대적 상황 속에서 마르쿠제를 비롯한 프랑크푸르트 학파는 비판이론의 정립을 통해서 대중들의 혁명성과 비판적 의식을 회복시키려고 시도하였다. 그렇지만 이러한 시도가 무산되자 그들은 점차 비관론에 빠지게 되었다. 호르크하이머와 아도르노는 『계몽의 변증법』(1947)에서 해방의 역할을 담당했던 '계몽적 이성'이 생산성과 효율성만을 중시하는 '기술적·도구적 이성'으로 전락하는 과정을 규명하면서, 현대사회에서는 더 이상 비판적, 변혁적 의식을 확보하기가 어렵다는 어두운 전망을 갖게 되었다. 그러나 이들과는 다르게 마르쿠제는 급진적 변혁에 대한 희망을 쉽게 포기할 수 없었기 때문에, 『에로스와 문명』에서는 프로이트 이론을 수용하여 유토피아로서 '억압 없는 문명'이 가능하다는 것을 보여주려고 시도했다.

그럼에도 불구하고 서구 사회가 안정된 상태로 접어들면서 기존 체제가 더욱 확고해지고 비판적, 변혁적 세력은 더욱 약화되는 현실을 마르쿠제도 인정하지 않을 수 없게 되었다. 더욱이 『소비에트 마르크스주의』에서 밝히고 있듯이 어느 정도 희망을 가졌던 소련 사회에서도 효율성의 논리가 지배하면서 관료제적 억압이 심화되자, 급진적 변혁에 대한 희망은 좌절로 바뀌게 되었다. 마르쿠제는 한때 『이성과 혁명』(1941)에서 헤겔이 진보적 흐름에 대한 날카로운 통찰을 바탕으로 미국 사회를 자유와 이성이 살아 있는 '미래의 땅'으로 예언했다는 점을 언급하면서 미국 사회를 매우 긍정적으로 평가하기도 했었다. 그러나 그로부터 수십 년이 흐른 뒤에 마르쿠제는 미국에서 더 이상 자유와 이성에 대한 희망을 찾을 수가 없다고 진단했다.

선진산업사회에서는 생산성과 효율성의 논리가 지배하면서 비판적 의식이 사라지고 체제순응적 태도가 확산되는데, 마르쿠제는 이러한 사회를 가리켜 '1차원적 사회(One-Dimensional Society)'라고 부른다.[33] 1차원적 사회에서는 비판의식이 마비되고, 오직 주어진 목표를 효과적으로 달성하기 위한 수단에만 관심을 기울이는 '기술적·도구적 합리성'이 지배한다. 그래서 달성하려는 목표가 정당한지 부당한지에 대해 관심을 기울이지 않으며, 또한 목표를 달성하기 위한 수단의 정당성에 관한 도덕적 판단도 유보된다. 이러한 1차원적 사회에서는 오직 효율적인 것만이 가치 있는 것으로 인정되는 반면에 비판적, 저항적 태도는 비효율적인 것으로 간주되어 무시되고 배척된다. 물질적 풍요, 획일적인 대중문화의 확산, 긍정의 철학인 실증주의의 확산 등으로 인해서 무비판적이고 체제순응적인 '1차원적 인간'이 더욱 많이 양산되고 있다. 이성의 주요 기능인 비판, 부정적 사유, 즉 '2차원적 사유'는 사라지고 그 대신에 현실을 있는 그대로 긍정하는 '1차원적 사유'가 지배하고 있는 것이다.

마르쿠제가 『이성과 혁명』에서 파시즘을 비판하기 위해 강조했던 헤겔 변증법의 비판적, 부정적 정신, 즉 이성의 혁명적 정신이 이제는 미국을 비롯한 선진산업사회에서도 사라지고 있다. 파시즘 체제에서는 직접적인 강압에 의해서 이러한 1차원화가 강요되었다면, 선진산업사회에서는 물질적 풍요와 대중문화를 통한 이데올로기적 조작 등을 통해서 은밀하게 이러한 1차원화가 진행되고 있다. 효율성을 높이기 위한 사회적 통제가 사회 구조뿐만 아니라 개인의 내면 세계까지 침투하고 있다. 그래서 이성의 비판적, 부정적 사유가 들어설 자리가 없게 되었다. 오직 1차원만 존재할 뿐이다. 생산의 효율성은 정당성을 주장하면서 이에 대한 비판을 거부한다. 오직 '허위 의식'인 기술적, 도구적 합리성만이 참된 의식으로 간주된다.

다니엘 벨(Daniel Bell)은 자본주의와 사회주의의 이념적 대립이 사라지고 이 양자가 산업사회로 수렴된다는 의미에서 '이데올로기의 종언'을 주장했지만, 현대 산업사회에서는 새로운 의미의 이데올로기가 이를 대신하여 지배하고 있다. 그것은 바로 효율성만을 중시하는 기술적, 도구적 합리성의 논리이다. 대량생산과 대량소비는 사람들을 소비체제에 종속시키고 있으며, 문화산업에서 엄청나게 쏟아져 나오는 오락물을 비롯한 대중문화는 대중들의 의식을 조작하여 그들을 수동적으로 만들고 있다. "기존의 주장과 행위를 비판하면서 이를 넘어서려는 새로운 사유와 소망 및 목적들은 배제되거나 기존 체계의 용어로 위축된다. 새로운 것을 추구하려는 사유와 소망 및 목적은 기존 질서의 기술적 합리성의 논리에 의해서 억압되고 통제된다."[34] 그래서 1차원적인 사유와 행동이 사회전체를 지배하게 된다.

마르쿠제는 1차원화가 심화된 선진산업사회에서 비판정신을 상실하여 체제순응적으로 바뀐 노동자 계급은 더 이상 사회변혁의 주체가 될 수 없다고 보았다.[35] 노동자 계급을 비롯한 민중들이 이전에는 사회변혁의 효소였지만 이제는 사회적 통합의 효소가 되어 버렸다. 그래서 그는 민중 대신에 다른 계층에서 변혁의 힘을 찾으려고 하였다. 마르쿠제는 기존 체제에 편입되지 않고 체제 외부에 존재하는 계층이 반체제적인 혁명적 성격을 지니고 있다고 보았다. 여기에는 인종차별에 의해 억압을 받는 사람, 시민권을 획득하지 못해 권리가 박탈된 불법이민자, 실업자 등이 속한다. 그들은 기존 체제 밖에 있으며, 그들의 생활은 견딜 수 없을 정도로 열악하기 때문에 그들은 기존 체제를 종식시키려는 강한 욕구를 갖고 있다. 따라서 그들의 반대와 저항은 기존 체제에 대해 밖에서부터 타격을 가한다. 이들의 저항과 투쟁은 게임의 규칙을 어기는 기초적 힘이며, 그렇게 함으로써 그 게임이 부당한 게임이라는 것을 폭로한다. 그들은 게임 속에서가 아니라 게임 밖에서, 그 게임의 규칙 자체를 부정하는 혁명성을 지니고 있다.

그러나 마르크스와 다르게 다수의 프롤레타리아가 아니라

소수의 체제 외적인 세력을 변혁의 주체로 삼은 마르쿠제는 이들의 반체제적 저항성이 성공적인 결과를 낳을 것으로 보지는 않았으며, 그래서 결국 비관론에 빠지게 되었다. 기존 사회의 경제적, 기술적 힘이 이들의 저항을 충분히 무력화시키고 마비시킬 수 있다고 보았기 때문이다. 비판이론은 현재와 미래 사이에 다리를 놓을 수 있는 개념도 갖고 있지 않으며, 기대를 불러일으키는 것도 성공을 보여주는 것도 아니며, 단지 부정적인 것으로만 존재할 따름이다. 비판이론은 희망 없는 '위대한 거부(the Great Refusal)'에 자기 생명을 바칠 따름이다.

마르쿠제는 『1차원적 인간』이 서로 대립된 두 가지 전제를 바탕으로 하고 있다고 말한다.[36] 선진산업사회는 새로운 질적 변혁을 차단할 수 있는 힘을 갖고 있지만, 다른 한편으로 이러한 억압적 힘을 파괴할 수 있는 변혁적 힘과 경향도 갖고 있다는 것이다. 그런데 마르쿠제는 그 중에서 첫 번째 경향이 지배적이라고 보았기 때문에 변혁의 가능성에 대해 상당히 비관적인 전망을 제시하게 되었다.

68학생운동, 신좌파, 『해방론』

　　마르쿠제가 1960년대 초반에 가졌던 사회변혁에 대한 비관론적인 전망은 1960년대 후반에 급진적 학생운동이 활발하게 전개되면서 낙관론적인 전망으로 바뀌게 된다. 1964년 미국 서부에 있는 캘리포니아 대학교 버클리 캠퍼스는 학내의 정치 활동을 규제하려고 했다. 학생들은 이에 반발하여 언론자유운동을 벌였는데, 이것이 학생운동의 중요한 시발점이 되었다. 이 운동은 대학을 산업계에 필요한 인력양성 공장으로 전락시키려는 시도에 대한 저항이기도 했다. 그 후 학생운동은 전세계적으로 확산되었으며 1968년 5월 프랑스에서 대학생들이 봉기를 일으키면서 절정에 달하게 되었다. 미국에서는 흑인 인종차별에 반대하는 인권운동, 베트남 전쟁에 반대하는 반전

평화운동, 기술 문명에 반대하는 반기술문명운동 등으로 확산되었으며, 여기에는 대학생 이외에도 흑인청년이나 히피와 같은 많은 젊은이들이 참가하였다. 이들은 자율과 자유, 평화를 외치면서 기존의 권위주의적인 낡은 체제에 저항하는 급진적 변혁운동을 펼쳤다. 이러한 반체제 세력을 가리켜 '신좌파(the New Left)'라고 부른다. 이들은 제2인터내셔널과 소련의 사회주의 세력이 중심이 된 '구좌파'와는 다르게 자본주의뿐만 아니라 관료주의적인 사회주의에 대해서도 신랄한 비판을 가하면서 진정한 인간해방과 자유를 추구하였다. 신좌파의 사상은 상당히 복합적이어서 그들은 마르크스뿐만 아니라 프로이트, 레닌, 마오쩌둥, 마르쿠제, 사르트르, 체 게바라 등 여러 사상가들의 이론과 사상을 받아들였다.

　그 당시 마르쿠제는 10여 년 동안 재직하였던 브랜다이스 대학을 은퇴하고 1965년 미국 서부에 있는 캘리포니아 대학교 샌디에고 캠퍼스의 특별교수로 부임하였으며, 베를린 자유대학의 명예교수로도 추대되었다. 『이성과 혁명』, 『에로스와 문명』 등의 저서를 통해 점차 학문적 명성을 쌓아가고 있던 마르쿠제는 『1차원적 인간』을 계기로 그 명성이 매우 높아지면서 젊은 학생들을 비롯한 대중들로부터 큰 인기를 얻게 되었다. 미국의 대학생들과 젊은이들은 마르쿠제의 『1차원적 인간』을 읽으면서 그것을 이론적 기반으로 삼아 급진적인 학생운동을 전개하였다. 학생운동의 물결이 더욱 거세지면서 마르쿠제는 신좌파의 이론적 지도자이자 학생운동의 대변자로 간주되었으며, 그 물결이 세계적으로 확산되자 국제적 인물로 각광을 받게 되었다. 세계 곳곳에서 초청 강연이 줄을 이었으며, 신문이나 텔레비전과 같은 대중매체도 앞다투어 초청 대담이나 인터뷰를 내보냈다. 그렇지만 마르쿠제의 이러한 대중적 명성이 대중매체에 의해서 상당히 과장되었다는 의혹도 제기되었다. 1968년 5월 프랑스 학생운동을 이끌었던 두 명의 지도자는 '우리들 중 그 누구도 마르쿠제의 책을 읽은 적이 없었다'라고 밝히기도 했다. 그것이 사실이든 아니든지 간에 마르쿠제는 1960년대 후반에 신좌파의 이론적 지도자이자 학생운동의 대변자로 널리 알려지게 되었으며, 그의 대중적 명성은 더욱 높아졌다.

그렇다면 마르쿠제가 대중매체로부터 명성을 얻고 저항적인 학생들의 국제적 영웅이 되었던 이유는 무엇인가? 마르쿠제가 그 당시에 가장 논쟁적인 지식인으로 부각되었던 이유는 무엇인가? 켈러(D. Kellner)는 이에 대해 다음과 같이 답하고 있다.37) 마르쿠제의 사고는 1960년대의 문화적, 정치적 환경에 매우 잘 들어맞았다. 선진산업사회에 대한 그의 비타협적 비판은 젊은 세대가 느끼고 있던 분노와 혐오를 대변하였다. 젊은 세대는 베트남 전쟁, 흑인을 비롯한 소수파에 대한 사회적 억압, 소비사회의 풍요로움에도 불구하고 여전히 존재하는 가난에 대해 분노하고 있었다. 그들은 중산계급이 자기만족적인 삶을 살면서 기존 질서와 타협하고 거기에 순응하는 데 대해 저항했고, 기술사회에서 광범위하게 확산되고 있는 관료제를 거부하려고 하였다. 그들은 대학이 회사와 관료제적 기계에 봉사하는 노예를 생산하는 공장이며, 교수는 '1차원적인' 순응적 사고를 양산하는 사람이라고 간주하였다.

마르쿠제의 기존 사회에 대한 비판은 '급진적(radical)'이었다. 그의 비판은 생산과 소비, 사회적 통제체제에서 기인한 소외의 근원을 추적하였다. 마르쿠제는 선진산업사회와 그것의 '기술적 합리성'을 비판하면서도 이와 동시에 자본주의 생산양식 자체를 비판하기도 하였다. 그래서 기계에 적대적인 반(反)문명적 저항자들과 자본주의에 반대하는 급진주의자들에게는 마르쿠제가 자신들의 이념의 대변자이자 동맹자로 보이게 되었다.

또한 마르쿠제는 기존 사회에 대한 대안을 제시했으며, 이것은 그의 대중성을 더욱 높여주었다. 놀이와 자유연애, 인간해방을 표방하는 반문명적 지지자들은 마르쿠제의 저작에서 자신들의 가치와 매우 일치하는 점들을 발견했다. 즉, 자본주의에 대한 신랄한 비판, 민주적인 자유주의적 사회주의 형태에 대한 비타협적 옹호는 신좌파 자신들이 내세우는 급진주의와 매우 잘 들어맞았다. 마르쿠제는 해방과 혁명적 투쟁을 정당화하였고, 대부분의 자신의 세대들과는 다르게 신좌파와 청년들의 저항을 열정적으로 껴안았다. 마르쿠제는 그 운동의 지도자나 대변인이라고 스스로 주장한 적이 없었지만, 1960년대에 벌어진 투쟁은 그를 매우 흥분시켰고 그의 사고에 다시 활기를 불어넣었다.

반면에 그가 오랫동안 몸 담아왔던 프랑크푸르트 학파의 많은 사상가들은 상당히 보수화되어 정치적 급진주의와는 멀어졌고, 그래서 학생운동과 신좌파의 활동에도 부정적이었다. 신좌파는 이론과 실천의 통합을 추구하던 비판이론으로부터 많은 자극을 받았기 때문에, 프랑크푸르트 학파에게 급진적인 실천활동에 동참할 것을 요구하였지만 그들은 이를 거부하였다. 호르크하이머가 은퇴한 후에 연구소를 지도하고 있던 아도르노는 1969년 한 신문과의 인터뷰에서 다음과 같이 말했다. "나는 나의 이론 모델을 만들 때, 사람들이 화염병을 가지고서 이 모델을 실현하려고 할 것이라는 사실을 예측하지 못했다." 그러나 이 말은 신좌파를 더욱 격앙시켰다. 1969년 아도르노가 프랑크푸르트 대학에서 강의를 하고 있던 도중에 학생들이 강단으로 뛰어들었으며, 한 여대생은 가슴을 드러낸 채 꽃과 성적인 애무로 그를 조롱하고 비판했다. 그는 무기력하게 그 수모를 받아들였으며, '아도르노는 죽었다'라는 조소 섞인 야유를 들으면서 강의실을 떠나야 했고, 얼마 후에 병으로 사망하였다.[38] 하버마스도 직접적인 실천활동에 동참하기를 거부하였으며, 그래서 1971년 프랑크푸르트 대학을 떠나 조용한 작은 도시인 슈타른베르크로 자리를 옮겨갔다.

1960년대 후반 마르쿠제는 수많은 저작과 강연, 회의, 세계여행 등을 통해서 현대사회를 끊임없이 비판하고 급진적인 사회변혁을 요구하였다. 마르쿠제는 학생운동과 신좌파 덕택에 수십 년간의 정치적 고립으로부터 벗어날 수 있었다. 다양한 신좌파와 제3세계 정치운동에 대한 마르쿠제의 열정적인 관심은 젊은이들로부터 커다란 호응을 불러일으키면서, 그는 개인적 호소력과 카리스마를 갖추게 되었다. 학생운동을 중심으로 한 신좌파의 급진주의자들은 이념적 지도자로서 마르크스(Marx), 마오쩌뚱(Mao Zedong), 마르쿠제(Marcuse)를 추종하였으며 그 세 사람의 이름 앞 글자를 따서 3M이라고 부르기도 했다.

마르쿠제는 국제적 명성을 얻기 이전에도 그를 따르는 집단이 있을 정도로 매우 흥미롭고 매력적인 교수였으며, 저술과 여행, 대중매체를 통해서 자신의 저작과 사상에 대한 광범위한 독자와 지지자를 확보했다. 비록 그의 생각과 정치적 사고에 공감했던 많은 사람들이 그의 저술을 진지하게 학습한 것 같지는 않았지만, 그의 사고는 1960년대의 정치적 문화에 잘 들어맞았으며, 그래서 전 세계에 충격을 던질 수 있었다.

마르쿠제는 1968년을 전후로 하여 학생운동과 신좌파 활동이 활발하게 이루어지자 이에 매우 고무되어 『해방론』(1969년)을 저술하였다. 이 책에서 마르쿠제는 기업자본주의의 지배에 대한 저항이 세계적 차원에서 활발하게 전개되고 있다고 보면서, 사회변혁에 대한 낙관론적 견해를 드러냈다.[39] 마르쿠제에 따르면 기업자본주의의 거대한 힘 때문에 사회주의는 지속적으로 군비를 증가시켜야 했으며 억압적인 관료 제도를 강화시킬 수밖에 없었다. 막강한 자본주의 세력과 경쟁하기 위해서 사회주의는 자신들이 추구했던 원래의 목적에서 벗어나게 되었으며, 그래서 서구 산업사회의 모습을 자신들의 발전 모델로 삼기까지 하였다. 그러나 최근에 활발하게 전개되고 있는 신좌파 운동은 사회주의와 자본주의의 이러한 수렴과 동질화를 거부하면서 새로운 대안의 가능성을 제시하고 있다. '위대한 거부'는 안락한 삶을 보장하고 사회 통합을 유도하는 기존 사회의 힘을 무너뜨리고 있다.

베트남, 쿠바, 중국에서는 사회주의의 관료제적 병폐를 제거하면서 사회주의 혁명이 본래의 모습을 갖추어 가고 있다. 전복과 해방의 원동력은 라틴 아메리카의 게릴라에게 힘을 부여하고 있다. 동시에 난공불락의 자본주의 요새인 미국에서도 새로운 변혁의 기운이 감돌고 있다. 미국의 기업자본주의는 대포나 네이팜 폭탄과 같은 군수상품을 마음대로 판매할 수가 없게 되었다. 빈민들의 저항은 비록 그것이 혁명은 아니라 할지라도 대중운동의 기반이 된다. 낡은 사회주의 국가뿐만 아니라 자본주의 국가에서도 확산되고 있는 학생운동은 해방의 잠재력을 강렬하게 보여주고 있다. 비록 일시적인 진압이 이루어졌지만 변혁의 힘은 더욱 확장될 수 있다. 기존 사회는 저항을 봉쇄하는 데 한계가 있음을 보여 주었다. 물론 기존 사회는 전체주의적 억압을 강화하려고 하겠지만, 물질적·정신적인 자유의 왕국을 세울 수 있는 공간도 여전히 존재한다. 과거와 현재를 역사적으로 단절시킴으로써 착취가 제거된 해방사회를 건설할 수 있고, 기존 사회와는 질적으로 다른 새로운 사회주의도 등장할 수 있다. (문장과 앞뒤 문맥으로 보아 이것이 저자의 견해인지, 마르쿠제의 저서에서 인용한 것인지, 마르쿠제의 견해를 저자가 풀어 설명한 것인지 불분명함.)

마르쿠제는 『해방론』에 쓰여진 자신의 사상이 학생운동의 이념과 매우 일치한다고 보았다. 학생운동은 자신과 마찬가지로 급진적 유토피아의 이념을 추구하고 있다는 것이다. 그들은 자본가적 착취뿐만 아니라 관료적 착취에도 반대하는 하나의 유령으로 나타났다. 혁명의 유령은 다음과 같이 선언하였다. 생산력 발전의 성과를 인류의 연대를 위해 사용해야 하며, 모든 경계와 영역을 초월하여 인류의 가난과 불행을 제거해야 하고, 세계적인 평화를 실현해야 한다. 모든 억압을 철폐하여 진정한 해방을 성취해야 한다. 기업과 자본, 행정에 종속된 우리의 삶을 해방시켜 자유롭게 만들어야 한다. 마르쿠제는 엄청난 억압과 착취를 받고 있는 빈민가 주민, 실업자, 제3세계 주변부 국가의 노동자 계급이 급진적 혁명의 주체가 될 수 있으며, 학생운동은 여기서 촉매제 역할을 담당할 수 있다고 보았다.[40]

마르쿠제는 정치적 급진주의가 추구하는 유토피아적 기획은 위대하고 진정한 초월적 힘으로서 일종의 '새로운 사유'라고 말한다. 그것은 기존의 사회 전체에 대한 저항이자, 기존의 가치에 대한 전면적인 재평가이며, 질적으로 새로운 삶의 방식의 추구이다. 이것을 잘 보여준 것이 1968년 프랑스의 5월 혁명이다. '분노한 젊은이들'은 '상상력에 권력을'이라는 구호를 외쳤다. 거기서는 재즈 연주가와 바리케이드가 조화를 이루었으며, 그들이 내걸은 붉은 깃발은 『레미제라블』 저자의 동상과 잘 어울렸다. 새로운 감성은 정치적 힘이 되었으며, 그것은 자본주의와 공산주의 진영의 경계를 넘어선 것이었다.[41]

마르쿠제는 이러한 급진적인 유토피아적 기획을 위해서는 기존 현실을 초월하는 '상상력'이 매우 중요하다고 보았다. 비판이론은 단순한 비판과 부정에 그치지 않고 더 나아가 적극적으로 유토피아적 전망을 제시해야 한다. 이때 상상력은 비이성적인 현실에서 이성적인 미래적 요소를 이끌어내어 미래를 미리 보여주는 역할을 담당하기 때문에 매우 중요하다. 상상력은 과거와 현재를 미래와 연결시켜준다. 그래서 마르쿠제는 프로이트 이론을 수용하여 무의식 속에 내재하는 행복했던 과거의 기억이나 상상력을 통해 '억압 없는 문명'이라는 유토피아적 차원을 되살리려고 하였다.

또한 마르쿠제는 유토피아적 의식의 원천으로서 미학적 상상력의 역할도 중시하였다. 1차원적인 선진산업사회에서는 대부분의 영역들이 수단적·도구적 합리성의 지배에 의해서 현실 순응적으로 바뀌었음에도 불구하고, 미학적 상상력이 발휘되는 예술영역은 기존 질서를 초월하는 유토피아적 의식을 간직하고 있다고 보았다. 예술은 기존 현실로부터 상대적 자율성을 유지하고 있기 때문에 해방의 이미지나 욕구를 불러일으킬 수 있다. 그래서 마르쿠제는 말년에 쓴 『미적 차원』(1978) 등의 저서에서 예술의 역할을 강조하였다.[42] 예술은 현실 원리에 의해 억압되지 않는 본능적인 쾌락 원리를 드러냄으로써 현실 비판적인 급진성과 해방의 이미지를 보여줄 수 있다. 위대한 예술이 추구하는 유토피아는 현실에 대한 단순한 부정이 아니라, 과거와 현재를 바탕으로 이를 지양하는 해방된 사회의 미래 모습을 보여준다. 이처럼 마르쿠제는 1차원화된 현대사회에서 정신분석학이나 미학이론을 동원하여 급진적인 유토피아적 차원을 회복하려고 노력했다.

마르쿠제는 '유토피아'가 기존 권력에 의해 억압되고 차단되었지만, 유토피아의 가능성은 선진자본주의 및 사회주의의 기술적 발전과 그 힘 속에 내재되어 있다고 보았다.[43] 세계적인 차원에서 그러한 힘이 합리적으로 사용된다면 가난과 기근은 가까운 미래에 사라질 것이다. 그렇다고 지금 당장 직접 생산자인 노동자가 그러한 힘을 통제한다고 해서 지배와 착취가 사라지는 것은 아니다. 지금 중요한 것은 욕구의 문제이다. 타인을 해치지 않고 자신의 욕구를 충족시키는 문제도 중요하지만, 더 중요한 것은 자신을 해치지 않고 자신의 욕구를 충족시키는 것이다. 새로운 사회에서는 복지의 증대가 삶의 질을 새롭게 바꾸어줄 것이다. 이것은 욕구의 질적 변화를 전제로 한다. 이것은 기존 질서에서 지배적인 그러한 욕구가 아니라 자유로우면서도 진정한 욕구가 될 것이다.

마르쿠제는, 기술적 발전의 힘이 더 이상 생존경쟁을 필요로 하지 않는 단계에 이르렀기 때문에 인간의 본성도 바뀔 수 있다고 보았다. 마르크스와 엥겔스는 자유의 가능한 형태를 구체적으로 언급하는 것을 꺼려했지만 오늘날에 있어 그러한 태도는 옳지 않다. 생산력의 발전은 질적으로 새로운 자유가 가능함을 암시하고, 그것은 기존 질서를 타파할 때만 가능한 것이다. 기존의 낡은 인식과 태도를 완전히 폐기할 때 새로운 사회가 형성될 수 있다. 기존 질서에 대한 저항과 거부는 기존의 게임의 법칙을 송두리째 파괴한다. 이처럼 마르쿠제는 과학기술과 생산력의 발달, 사회제도와 구조의 개선, 개인적 욕구의 질적인 변화 등을 통해서 유토피아 사회는 실현 가능하다고 보았다.

1968년을 전후로 하여 학생운동과 신좌파의 활동이 격렬하게 벌어졌을 때, 여기에 적극적으로 참여하였던 마르쿠제는 미국의 극우파로부터 위협을 받게 되자 독일의 베를린 자유대학에서 주로 강의를 하였으며, 가끔 미국 뉴욕의 '뉴 스쿨 사회조사대학원'에서 특강을 맡기도 하였다. 1960년대 후반 미국과 유럽을 비롯하여 세계 도처에서 들불처럼 거세게 일어났던 학생운동은 1970년대에 들어와서 점차 시들해졌다. 이에 따라 마르쿠제의 대중적 인기도 떨어지고 그에 대한 대중매체의 관심도 멀어졌다. 학생운동이 약화되고 이와 더불어 신좌파가 분열되면서 마르쿠제의 정치적 급진주의도 그 실천적 기반을 상실하였다. 그런데 마르쿠제에게 비판적인 사람들은 마르쿠제 사상이 '결단'을 중시하는 실존주의적 '실천' 개념을 여전히 갖고 있었기 때문에, 객관적인 조건을 무시하는 극단적 행동주의나 모든 것을 무조건 거부하는 무정부주의로 나아갈 수 있다고 보았다. 그래서 이러한 주관주의적 경향이 극좌

파 학생운동에 나쁜 영향을 주었다고 비판하기도 한다.[44]

마르쿠제는 말년에도 꾸준히 연구활동을 하였으며, 그래서 1978년에는 그의 마지막 저서인 『미적 차원』을 출판하였다. 이 책은 그동안 자신이 연구해왔던 미학이론의 성과물을 모아 놓은 책인데, 여기서 그는 예술의 자율성을 강조하면서 예술이 미학적 상상력을 바탕으로 급진적 변혁을 위한 유토피아적 의식의 원천이 될 수 있음을 주장하였다.

마르쿠제는 고령의 나이에도 불구하고 강연을 위해 여행을 하던 중에 독일에서 병에 걸렸으며, 1979년 7월 29일 81세의 나이에 자신의 고국인 독일의 슈타른베르크에서 사망하였다. 정치적 급진주의를 위해 일생 동안 정열적인 삶을 살았던 마르쿠제가 사망하자, 세계 언론은 그의 생애와 사상을 회고하고 추모하는 특집 기사와 프로그램을 앞다투어 내보내면서 그의 죽음을 애도하였다.

맺음말 : 마르쿠제, 마르크스주의

마르쿠제의 삶과 사상에는 20세기의 역사가 고스란히 담겨져 있다. 마르쿠제는 격동의 20세기를 살아가면서 그 시대와 함께 호흡하고 고민하면서 그것을 자신의 사상 속에 담아내려고 노력했다. 제1차세계대전, 러시아 혁명, 독일 혁명, 파시즘, 제2차세계대전, 스탈린 지배, 냉전체제로 이어지는 20세기의 주요 사건들을 겪으면서 마르쿠제는 이에 대한 자신의 생각을 비판적, 열정적인 목소리로 표출하려고 했다. 마르쿠제는 독일의 파시즘이나 서구의 자본주의뿐만 아니라 소련의 마르크스주의에 대해서도 날카로운 비판의 칼날을 들이대면서 급진적인 사회변혁을 추구했다. 마르쿠제는 기존 현실에 대한 비판에 그치지 않고, 여기서 더 나아가 적극적으로 유토피아적 기획을 마련하려고 시도했다.

마르쿠제가 지나온 사상적 행로는 매우 다양하고 복잡하다. 마르쿠제는 제2인터내셔널의 과학적 마르크스주의, 하이데거의 현상학적 실존주의, 헤겔 철학, 휴머니즘적 마르크스주의, 프랑크푸르트 학파의 비판이론, 프로이트 이론 등 다양한 사상과 이론을 수용하거나 비판하면서 자신의 사상을 형성시켜 갔다. 그렇지만 그의 사상의 중심에는 마르크스주의가 자리잡고 있다. 마르쿠제는 제1차세계대전과 1918년 독일 혁명을 겪으면서 마르크스주의를 접하게 되었는데, 이때 형성된 정치적 급진주의는 일생 동안 그의 정치적, 사상적 방향에 결정적인 영향을 주었다. 특히 마르쿠제가 1932년에 하이데거 철학에서 마르크스주의로 전환하면서 마르크스의 초기 저작을 바탕으로 정립한 '헤겔주의적, 휴머니즘적 마르크스주의'는 그의 사상 전반을 지배하는 확고한 토대가 되었다.

마르쿠제는 마르크스주의를 변화하는 시대적 상황에 적합하게 발전시키기 위해서, 그것을 끊임없이 재해석하고 수정하는 데 심혈을 기울였다. 물론 마르쿠제를 비(非)마르크스주의, 심지어 반(反)마르크스주의 사상가로 보는 견해도 있다. 루카치는 1962년에 프랑크푸르트 학파 전체를 '혼란스러운 거대한 호텔'이라고 혹평하기도 했다. 마르쿠제는 노동자 계급의 혁명성에 의구심을 가졌으며, 소련의 마르크스주의를 비판하기도 했다. 그렇지만 마르쿠제가 마르크스주의에 대해 때로는 매우 비판적인 태도를 취했다고 할지라도, 그 비판의 칼날은 주로 제2인터내셔널의 교조적 마르크스주의나 소련의 정통 마르크스주의를 향한 것이었지, 마르크스의 초기 저작에 나타난 휴머니즘적 마르크스주의를 향한 것은 아니었다.

마르쿠제는 1932년에 정립한 헤겔주의적, 휴머니즘적 마르크스주의의 근본정신과 관점을 일생 동안 견고하게 유지했다. 마르크스를 전혀 언급하고 있지 않은 『에로스와 문명』이나 정통적 마르크스주의를 근본적으로 문제삼고 있는 『1차원적 인간』에서도 마르쿠제는 마르크스주의의 문제점을 비판하고 그 한계를 극복하기 위해서 기본적으로 마르크스주의적 개념과 방법을 사용하였다. 거시적으로 본다면, 마르크스주의에 대한 마르쿠제의 견해는 마르크스주의에 대한 수정과 혁신 과정이자 현대사회를 분석하고 변혁시키기 위한 급진적 유토피아의 기획이었다.[45] 따라서 마르쿠제가 프랑크푸르트 학파와 많은 점을 공유하고 있다고 할지라도, 그 학파의 대다수 구성원들은 그러한 마르크스주의적 요소를 폐기하거나 약화시켰다는 점에서 마르쿠제와는 상당한 차이가 있다고 볼 수 있다.

마르쿠제는 마르크스주의를 재구성하고 그 한계와 문제점을 극복하기 위해서 영웅적이고 필사적인 시도를 하였다. 마르쿠제가 보았을 때 기존의 마르크스주의는 현대사상의 흐름을 흡수하지도 못했을 뿐만 아니라 현대사회의 변화에도 뒤떨어져 있었다. 그렇지만 마르쿠제는 마르크스주의가 지니고 있던 해방의 잠재력을 보존하면서 그 개념과 이론을 재구성하여 현대사회를 변혁시키기 위한 이론적 기획을 마련하려고 하였다. 따라서 마르쿠제의 사상은 넓게 보면 마르크스주의에 속하지만, 그러나 그것은 교조적 마르크스주의나 정통 마르크스주의를 넘어선 것이다. 휴머니즘적 마르크스주의를 바탕으로 마르크스주의를 재해석하고, 그것을 다른 사상과 통합하여 새롭게 재구성하려고 했던 마르쿠제의 시도는 마르크스주의와 일정한 긴장관계를 이루고 있다.

제1차세계대전 과정에서 제2인터내셔널의 마르크스주의는 노동자 계급의 이익을 배반하고 전쟁에 참가하였으며, 혁명 과정에서 노동자 계급을 탄압하기도 하였다. 마르크스의 예측과 다르게 소련에서는 러시아 혁명이 성공하였지만, 독일을 비롯한 서부유럽에서는 사회주의 혁명이 실패하였다. 더욱이 소련에서는 사회주의가 추구하던 인간해방과 자유, 자율, 평등 대신에 관료적 통치와 강압적 지배가 강화되었다. 파시즘의 세력 확대와 유대인 학살과 같은 야만적 행위는 마르크스주의의 낙관론적 역사관과는 상반되는 것이었다. 제2차세계대전 이후에 서구의 자본주의 국가들은 경제적 번영과 안정을 구가하였다. 더욱이 노동자 계급은 기존 체제에 통합됨으로써 혁명성을 상실하게 되었다. 냉전체제는 서구 사회를 사회주의와 더욱 멀어지게 만들었으며, 미국 사회에서 급진적인 사회주의 혁명을 주장하는 것은 위험스러운 일이었다. 소련에서는 정통 마르크스주의가 더욱 경직되고 교조화되면서 기존 체제를 정당화하기 위한 이데올로기로 전락하였다.

그렇지만 마르쿠제는 이러한 불리한 시대적 상황 속에서도 마르크스주의의 근본정신을 포기하지 않고 고수하면서 인간해방을 위한 급진적 사회변혁을 끝까지 옹호하였다. 마르쿠제는 삶을 마감하기 1년 전인 1978년 영국 BBC 방송과 인터뷰를 하였다. 그때 마르쿠제는 자신이 마르크스 사상의 문제점을 많이 지적하면서도 여전히 마르크스주의자로 남아 있는 이유에 대해 다음과 같이 답변하였다. "나는 마르크스의 이론 그 자체가 오류라고 생각하지 않는다. 물론 내가 전에 언급했듯이 마르크스의 이론의 몇 가지 개념들은 다시 평가되어야 한다. 그렇지만 자본주의의 발달과정에서 확증된 마르크스 이론의 핵심개념들도 있기 때문에 이에 주목해야 한다. 경제력의 집중, 경제적 권력과 정치적 권력의 융합, 경제에 대한 국가의 간섭 증가, 이윤율의 저하, 시장을 창출하기 위한 신제국주의적 정책의 필요성이 바로 그것이다. 이러한 여러 목록은 마르크스 이론에 대해 많은 것을 말해주고 있다."[46]

마르쿠제는 변화하는 시대적 상황에 적극적으로 대응하기 위해서 마르크스주의의 낡은 요소들을 비판하고 수정하였지만, 그러나 마르크스주의의 근본정신과 핵심방법을 끝까지 유지하면서 이를 바탕으로 진정한 인간해방을 위한 급진적 유토피아 기획을 모색하였다. 마르크스주의는 마르쿠제에게 절대적 지식의 체계나 독단이 아니라, 현실을 분석하고 비판하며 변혁하기 위한 살아 있는 방법이자 도구였다.

주

1) D. Kellner, *Herbert Marcuse and the Crisis of Marxism*, Macmillan, 1984, pp.1-5 참조.
2) J. Habermas 외, 백승균 옮김, 『마르쿠제와의 대화』, 이문출판사, 1984, p.10.
3) J. Habermas 외, 같은 책, p.11.
4) D. Kellner, 같은 책, p.38 참조.
5) M. Jay, 황재우 옮김, 『변증법적 상상력』, 돌베개, 1979, pp.122-126 참조.
6) H. Marcuse, 황태연 옮김, 『헤겔의 존재론과 역사성 이론의 정초』, 지학사, 1984, pp.7-13 참조.
7) J. Habermas 외, 같은 책, p.9.
8) J. Habermas 외, 같은 책, p.9.
9) 차인석, 「비판이론」, 『현대의 철학 I』, 서울대학교 출판부, 1980, pp.113-115 참조.
10) M. Jay, 같은 책, pp.23-76 참조.
11) H. Marcuse, 차인석 옮김, 『부정』, 삼성출판사, 1990, p.229.
12) H. Marcuse, 「전체주의적 국가관에서 자유주의에 대한 투쟁」, 『부정』, pp.237-248 참조.
13) M. Jay, 같은 책, pp.189-197 참조.
14) E. Fromm, 이규호 옮김, 『자유로부터의 도피』, 삼성출판사, 1989, p.143 참조.
15) H. Marcuse, 박종렬 옮김, 「권위에 관한 연구」, 『이성과 자유』, 풀빛, 1982, pp.11-12 참조.
16) H. Marcuse, 「권위에 관한 연구」, pp.89-102 참조.
17) H. Marcuse, 차인석 옮김, 「철학과 비판이론」, 『부정』, p.312.
18) 손철성, 『유토피아, 희망의 원리』, 철학과 현실사, 2003, pp.153-155 참조.
19) M. Horkheimer, "Traditional and Critical Theory", *Critical Theory : Selected Essays*, The Seabury Press, 1972, p.209 참조.
20) M. Horkheimer, "Postscript", *Critical Theory : Selected Essays*, p.246 참조.

21) H. Marcuse, 「철학과 비판이론」, p.306 참조.

22) H. Marcuse, 같은 글, p.306.

23) H. Marcuse, 김현일 옮김, 『이성과 혁명』, 중원문화, 1984, p.13.

24) H. Marcuse, 같은 책, pp.3-12 참조.

25) H. Marcuse, 같은 책, pp.21-44 참조.

26) H. Marcuse, 같은 책, pp.269-274 참조.

27) H. Marcuse, 같은 책, pp.337-343 참조.

28) H. Marcuse, 같은 책, pp.408-410 참조.

29) H. Marcuse, 같은 책, pp.411-427 참조.

30) H. Marcuse, 김인환 옮김, 『에로스와 문명』, 나남출판, 1999, pp.21-25 참조.

31) H. Marcuse, 문현병 옮김, 『소비에트 마르크스주의』, 동녘, 2000, pp.19-30 참조.

32) H. Marcuse, 같은 책, pp.5-15 참조.

33) H. Marcuse, 차인석 옮김, 『1차원적 인간』, 삼성출판사, 1989, pp.268-280 참조.

34) H. Marcuse, 같은 책, p.275.

35) H. Marcuse, 같은 책, pp.443-444 참조.

36) H. Marcuse, 같은 책, p.265 참조.

37) D. Kellner, 같은 책, pp.2-5 참조.

38) M. Jay, 서창렬 옮김, 『아도르노』, 시공사, 2000, pp.77-78 참조.

39) H. Marcuse, 김택 옮김, 『해방론』, 울력, 2004, pp.7-17 참조.

40) H. Marcuse, 같은 책, pp.31-32 참조.

41) H. Marcuse, 같은 책, p.38 참조.

42) H. Marcuse, *The Aesthetic Dimension*, Beacon, 1978, pp.40-41 참조.

43) H. Marcuse, 『해방론』, pp.14-15 참조.

44) 한국철학사상연구회 편, 『철학대사전』, 동녘, 1989, p.345 참조.

45) D. Kellner, 같은 책, pp.5-12 참조.

46) D. Kellner, 같은 책, p.9.

참고문헌

Marcuse, H., 차인석 옮김, 『부정』, 삼성출판사, 1990.

　마르쿠제가 1930년대에 발표한 논문들을 모아놓은 책으로서, 주로 파시즘의 철학적, 사상적 배경을 분석하거나 비판이론의 기본 관점을 설명하고 있다.

_____, 김현일 옮김, 『이성과 혁명』, 중원문화, 1984.

　마르쿠제가 1941년에 출판한 저서로서, 헤겔 철학을 부정의 변증법의 관점에서 새롭게 해석하여 헤겔 철학이 파시즘과 대립적 관계에 있음을 주장하고 있다.

_____, 김인환 옮김, 『에로스와 문명』, 나남출판, 1999.

　마르쿠제가 1955년에 출판한 저서로서, 프로이트 이론에 대한 재해석을 통해 유토피아로서 '억압 없는 문명'이 가능함을 주장하고 있다.

_____, 차인석 옮김, 『1차원적 인간』, 삼성출판사, 1989.

　마르쿠제가 1964년에 출판한 저서로서, 효율성의 논리가 지배하는 선진산업사회에서 비판적, 부정적 태도가 사라지고 있는 현상을 분석하였다.

_____, 김택 옮김, 『해방론』, 울력, 2004.

　마르쿠제가 1969년에 출판한 저서로서, 68학생운동에 힘입어 인간해방을 위한 유토피아적 기획에 대해 낙관론적 전망을 제시하고 있다.

Jay, M., 황재우 옮김, 『변증법적 상상력』, 돌베개, 1979.

　프랑크푸르트 학파에 대한 전문가인 마틴 제이가 1950년대까지 프랑크푸르트 학파의 성립 과정과 이론적 배경에 대해 깊이 있게 다루고 있다.

Kellner, D., _Herbert Marcuse and the Crisis of Marxism_, Macmillan, 1984.

　마르쿠제에 대한 전문가인 켈러가 마르쿠제의 사상을 마르크스주의의 수용과 변형이라는 관점에서 깊이 있게 다루고 있다.

차인석, 「비판이론」, 『현대의 철학 I』, 서울대학교 출판부, 1980.

비판이론에 대한 전문가인 차인석 교수가 마르쿠제와 하버마스를 중심으로 비판이론 전반에 대해 체계적인 소개를 하고 있다.

손철성, 『유토피아, 희망의 원리』, 철학과 현실사, 2003.

사회 철학에 관심이 많은 필자가 마르쿠제를 포함한 사회비판 이론가들의 사상을 유토피아론의 관점에서 접근하여 분석하고 있다.

허버트 마르쿠제 마르크스와 프로이트를 결합시키다

초판발행 2005년 5월 10일 | 2쇄발행 2007년 11월 10일
지은이 손철성
펴낸이 심만수 | 펴낸곳 (주)살림출판사
출판등록 1989년 11월 1일 제9-210호

주소 413-756 경기도 파주시 교하읍 문발리 파주출판도시 522-2
전화번호 영업·(031)955-1350 기획편집·(031)955-1357
팩스 (031)955-1355
이메일 salleem@chol.com
홈페이지 http://www.sallimbooks.com

ISBN 89-522-0372-0 04080
     89-522-0096-9 04080 (세트)

값 3,300원